MANUEL

DES

CIRCONSCRIPTIONS MILITAIRES

DE LA FRANCE

PRÉSENTANT, SOUS FORME DE TABLEAUX SYNOPTIQUES

1° LA DIVISION DU TERRITOIRE EN RÉGIONS ET SUBDIVISIONS DE RÉGIONS
2° LE SIÈGE ET LES ATTRIBUTIONS DES BUREAUX DE RECRUTEMENT
3° L'INDICATION POUR CHAQUE CANTON
DE LA SUBDIVISION A LAQUELLE IL APPARTIENT

AVEC DE NOMBREUX RENSEIGNEMENTS

SUR L'ORGANISATION DES RÉSERVES

(ARMÉE ACTIVE ET ARMÉE TERRITORIALE)

PAR

A. STOUMPFF
CAPITAINE D'INFANTERIE

DEUXIÈME ÉDITION

PARIS
BERGER-LEVRAULT ET Cie, LIBRAIRES-ÉDITEURS
5, RUE DES BEAUX-ARTS, 5
MÊME MAISON A NANCY

1877

MANUEL

DES

CIRCONSCRIPTIONS MILITAIRES

DE LA FRANCE

MANUEL

DES

CIRCONSCRIPTIONS MILITAIRES

DE LA FRANCE

PRÉSENTANT, SOUS FORME DE TABLEAUX SYNOPTIQUES

1° LA DIVISION DU TERRITOIRE EN RÉGIONS ET SUBDIVISIONS DE RÉGIONS
2° LE SIÉGE ET LES ATTRIBUTIONS DES BUREAUX DE RECRUTEMENT
3° L'INDICATION POUR CHAQUE CANTON
DE LA SUBDIVISION A LAQUELLE IL APPARTIENT

AVEC DE NOMBREUX RENSEIGNEMENTS

SUR L'ORGANISATION DES RÉSERVES

(ARMÉE ACTIVE ET ARMÉE TERRITORIALE)

PAR

A. STOUMPFF

CAPITAINE D'INFANTERIE

PARIS

BERGER-LEVRAULT ET Cie, LIBRAIRES-ÉDITEURS

5, RUE DES BEAUX-ARTS, 5

MÊME MAISON A NANCY

1877

SOMMAIRE

DES

RENSEIGNEMENTS PRÉSENTÉS DANS LES TABLEAUX SYNOPTIQUES

1° *Organisation régionale et subdivisionnaire :*

Extrait de la loi du 24 juillet 1873, articles 1, 5 et 18. (Division du territoire, recrutement, mobilisation, réquisition et armée territoriale.)

Décret du 6 août 1874 et tableaux annexés audit décret, avec addition de plusieurs colonnes, donnant : le chef-lieu de la subdivision, le numéro du régiment territorial d'infanterie et une statistique par région et par subdivision.

2° *Siége des bureaux de recrutement et des subdivisions de région :*

Extrait de la loi du 13 mars 1875, article 18. (Services du recrutement et de la mobilisation.)

Extrait du décret du 25 avril 1874, articles 3, 4 et 5. (Administration des réservistes de la marine, tableau des circonscriptions de réserve maritime.)

Tableaux, par ordre alphabétique, des bureaux de recrutement avec les indications suivantes : numéros de la subdivision, du corps d'armée, du régiment territorial d'infanterie ; départements qui concourent à la formation de la subdivision ; numéro et chef-lieu de la circonscription de réserve maritime.

3° *Répertoire par département et par ordre alphabétique des cantons de la France :*

Tableaux indiquant :

1° Pour le département : la région dont il fait partie, la légion de gendarmerie dans la circonscription de laquelle il se trouve ; les subdivisions de région et les régiments territoriaux d'infanterie à la formation desquels il concourt.

2° Pour le canton : le nombre de communes, la population cantonale, la subdivision à laquelle il appartient, le numéro du régiment d'infanterie de l'armée territoriale dont il fait partie et son arrondissement administratif.

AVANT-PROPOS

La transformation de notre système de recrutement qui, de départemental, est devenu subdivisionnaire, a complétement modifié les relations de service, établies de longue date, entre les fonctionnaires, la population, les corps de troupes et les bureaux de recrutement.

Les uns et les autres, étant rompus à la pratique de l'ancienne loi et n'ayant pas sous la main un moyen facile de se conformer aux nouvelles dispositions, continuent à s'adresser, comme sous la précédente législation, au bureau de recrutement départemental, qui n'existe plus ; de là, un certain désordre.

Il y a, en outre, une catégorie assez nombreuse de fonctionnaires, maires, commandants des brigades de gendarmerie, etc., appelés par les lois actuelles à l'administration ou à la surveillance des hommes soumis à ces lois, qui, faute de renseignements, ne peuvent pas toujours exécuter les ordres donnés.

Aujourd'hui, la base de toute recherche, de toute relation de service repose sur un point : *connaître la subdivision à laquelle appartient un canton donné.* Or, pour obtenir ce renseignement, il faut se livrer, faute d'un ouvrage spécial, à de longues et minutieuses recherches, devant lesquelles on recule souvent.

Les tableaux synoptiques, entièrement puisés aux documents officiels, récapitulent tout ce qui a trait à la nouvelle division du territoire et présentent, dans l'ordre alphabétique, le plus commode de tous, les renseignements nécessaires à la facile exécution des prescriptions réglementaires.

En un mot, le but de ce travail est de combler une lacune signalée par tous les fonctionnaires chargés de l'application des lois militaires.

I

ORGANISATION RÉGIONALE

ET SUBDIVISIONNAIRE

Extrait de la loi du 24 juillet 1873, articles 1, 5 et 18 (*division du territoire, recrutement, mobilisation, réquisitions et armée territoriale*).

Décret du 6 août 1874 et tableaux annexés audit décret, avec addition de plusieurs colonnes, donnant : *le chef-lieu de la subdivision, le numéro du régiment territorial d'infanterie et une statistique par région et par subdivision de région.*

EXTRAIT DE LA LOI DU 24 JUILLET 1873

RELATIVE A L'ORGANISATION GÉNÉRALE DE L'ARMÉE.

. . . .

ARTICLE PREMIER. — Le territoire de la France est divisé, pour l'organisation de l'armée active, de la réserve de l'armée active, de l'armée territoriale et de sa réserve, en dix-huit régions et en subdivisions de région.

Ces régions et subdivisions de régions, établies d'après les ressources du recrutement et les exigences de la mobilisation, sont déterminées par décret rendu dans la forme des règlements d'administration publique et inséré au *Bulletin des lois*.

. . . .

. . . .

ARTICLE 5. — Dans chaque subdivision de région, il y a un ou plusieurs bureaux de recrutement. Dans chaque bureau est tenu le registre matricule prescrit par l'article 33 de la loi du 27 juillet 1872, pour les hommes appartenant à l'armée active et à la réserve de ladite armée.

Ce bureau est chargé d'opérer l'immatriculation, dans les divers corps de la région, des hommes de la disponibilité et de la réserve, conformément aux paragraphes 3, 4, 5 et 6 de l'article 11 ci-après.

Il est, en outre, chargé de la tenue des contrôles de l'armée territoriale pour les hommes domiciliés dans la subdivision, et de leur immatriculation dans les divers corps de l'armée territoriale de la région.

Par ses soins, il est fait chaque année un recensement général des chevaux, mulets et voitures susceptibles d'être utilisés pour les besoins de l'armée.

Ces chevaux, mulets et voitures sont répartis d'avance dans chaque corps d'armée et inscrits sur un registre spécial.

. . . .

. . . .

ARTICLE 18. — Un officier supérieur est placé à la tête du service du recrutement de chaque subdivision.

Tous les militaires de l'armée active, de la réserve et de l'armée territoriale, qui se trouvent à un titre quelconque dans leurs foyers et sont domiciliés dans la subdivision, relèvent de cet officier supérieur.

Il tient le général commandant le corps d'armée et les chefs des corps de troupes et des différents services au courant de toutes les modifications qui se produisent dans la situation des officiers, sous-officiers et hommes de la disponibilité et de la réserve, et qui sont immatriculés dans les divers corps de la région.

. . . .

. . . .

DÉCRET

QUI DÉTERMINE LES RÉGIONS TERRITORIALES ET LES SUBDIVISIONS DE RÉGION.

LE PRÉSIDENT DE LA RÉPUBLIQUE FRANÇAISE,

Sur le rapport du Ministre de la guerre,

Vu la loi du 24 juillet 1873, relative à l'organisation générale de l'armée;

Vu l'article 1er, ainsi conçu :

« Le territoire de la France est divisé, pour l'organisation de l'armée active, de la réserve de l'armée « active, de l'armée territoriale et de sa réserve, en dix-huit régions et en subdivisions de région.

« Ces régions et subdivisions de région, établies d'après les ressources du recrutement et les exigences « de la mobilisation, sont déterminées par décret rendu dans la forme des règlements d'administration « publique et inséré au *Bulletin des lois*. »

Le Conseil d'État entendu,

DÉCRÈTE :

ARTICLE PREMIER. — Chacune des dix-huit régions énoncées à l'article 1er de la loi du 24 juillet 1873, comprend huit subdivisions de région.

Ces régions et subdivisions de région sont délimitées conformément aux indications des tableaux et de la carte ci-annexés.

ART. 2. — Le Ministre de la guerre est chargé de l'exécution du présent décret, qui sera inséré au *Bulletin des lois*.

Fait à Versailles, le 6 août 1874.

Signé : Maréchal DE MAC-MAHON.

Par le Président de la République :
Le Vice-Président du Conseil,
Ministre de la Guerre,
Signé : Général DE CISSEY.

TABLEAUX

INDIQUANT

LA DIVISION DE LA FRANCE

EN DIX-HUIT RÉGIONS

ET EN SUBDIVISIONS DE RÉGION

Ire RÉGION. — CHEF-LIEU LILLE.

Comprend les départements du Nord et du Pas-de-Calais.

(13 *arrondissements,* — 105 *cantons,* — 1,565 *communes,* — 2,208,922 *habitants.*)

Nos DES SUBDIVISIONS de la région.	SIÉGE de la subdivision.	No du rég. d'infanterie de l'armée territle.	DÉPARTEMENTS qui concourent à la formation des subdivisions de la région.	ARRONDISSEMENTS qui concourent à la formation des subdivisions de la région.	CANTONS qui concourent à la formation des subdivisions de la région.	STATISTIQUE de la subdivision. Nombre de Cantons.	Nombre de Communes.	Population.
1re	LILLE	1er	Nord.	Lille.	»	17	129	555,262
2e	VALENCIENNES	2e	Nord.	Valenciennes.	»	7	81	180,417
3e	CAMBRAI . . .	3e	Nord.	Douai. Cambrai.	» Cambrai est et ouest, Marcoing, Solesmes et Carnières.	11	150	245,606
4e	AVESNES . . .	4e	Nord.	Avesnes. Cambrai.	» Clary et le Cateau.	12	187	233,100
5e	ARRAS	5e	Pas-de-Calais.	Arras.	»	10	211	173,422
6e	BÉTHUNE. . .	6e	Pas-de-Calais.	Béthune. Saint-Pol.	» »	14	333	252,168
7e	SAINT-OMER. .	7e	Pas-de-Calais.	Saint-Omer. Boulogne. Montreuil.	» » »	20	360	335,568
8e	DUNKERQUE. .	8e	Nord.	Dunkerque. Hazebrouck.	» »	14	114	228,379

IIe RÉGION. — CHEF-LIEU AMIENS.

Comprend les départements de l'Aisne, de l'Oise, de la Somme, de Seine-et-Oise (arrondissement de Pontoise) et de la Seine (cantons de Saint-Denis et de Pantin, 10e, 19e et 20e arrondissements de Paris).

(16 *arrondissements,* — 125 *cantons,* — 2,556 *communes,* — 2,027,366 *habitants**.)

Nos DES SUBDIVISIONS de la région.	SIÈGE de la subdivision.	No du rég. d'infanterie de l'armée territle.	DÉPARTEMENTS qui concourent à la formation des subdivisions de la région.	ARRONDISSEMENTS	CANTONS	STATISTIQUE de la subdivision. Nombre de Cantons.	Communes.	Population.
1re	SOISSONS . . .	9e	Aisne.	Soissons.	»	14	339	250,293[1]
				Château-Thierry	»			
			Seine-et-Oise.	Pontoise.	Écouen, Gonesse.			
			Seine.	Fraction des cantons de Saint-Denis et de Pantin et des 10e, 19e et 20e arrondissements de Paris (22 p. 100).				
2e	St-QUENTIN. .	10e	Aisne.	Saint-Quentin.	»	15	259	260,006
				Vervins.	»			
3e	BEAUVAIS . .	11e	Oise.	Beauvais.	»	22	450	266,320[2]
				Clermont.	»			
			Seine-et-Oise.	Pontoise.	Marines.			
			Seine.	Fraction des cantons de Saint-Denis et de Pantin, et des 10e, 19e et 20e arrondissements de Paris (10 p. 100).				

*Paris est considéré comme une seule commune, et les 20 arrondissements de la ville comme des cantons.

1. Dont : 1 cant., 4 comm., 90,789 hab. de la Seine; 2 cant., 45 comm., 31,353 hab. de Seine-et-Oise.
2. Dont : 1 cant., 2 comm., 41,267 hab. de la Seine; 1 cant., 37 comm., 13,071 hab. de Seine-et-Oise.

Nos des subdivisions de la région.	Siége de la subdivision.	N° du rég. d'infanterie de l'armée territle.	Départements	Arrondissements	Cantons	Statistique de la subdivision. Nombre de Cantons.	Communes.	Population.
			qui concourent à la formation des subdivisions de région.					
4e	Amiens. . . .	12e	Somme.	Amiens.	»	16	294	297,106[1]
			Seine-et-Oise.	Pontoise.	Isle-Adam, Pontoise.			
			Seine.	Fraction des cantons de Saint-Denis et de Pantin et des 10e, 19e et 20e arrondissements de Paris (18 p. 100).				
5e	Compiègne . .	13e	Oise.	Compiègne.	»	18	335	257,019[2]
				Senlis.	»			
			Seine-et-Oise.	Pontoise.	Luzarches. Montmorency.			
			Seine.	Fraction des cantons de Saint-Denis et de Pantin et des 10e, 19e et 20e arrondissements de Paris (10 p. 100).				
6e	Abbeville . .	14e	Somme.	Abbeville.	»	16	262	235,056[3]
				Doullens.	»			
			Seine.	Fraction des cantons de Saint-Denis et de Pantin et des 10e, 19e et 20e arrondissements de Paris (10 p. 100).				
7e	Laon.	15e	Aisne.	Laon.	»	11	291	226,184[4]
			Seine.	Fraction des cantons de Saint-Denis et de Pantin et des 10e, 19e et 20e arrondissements de Paris (15 p. 100).				
8e	Péronne . . .	16e	Somme.	Péronne.	»	13	326	235,382[5]
				Montdidier.	»			
			Seine.	Fraction des cantons de Saint-Denis et de Pantin et des 10e, 19e et 20e arrondissements de Paris (15 p. 100).				

1. Dont : 1 cant., 4 comm., 74,282 hab. de la Seine ; 2 cant., 40 comm., 33,078 hab. de Seine-et-Oise.
2. Dont : 1 cant., 2 comm., 41,267 hab. de la Seine ; 2 cant., 43 comm., 30,930 hab. de Seine-et-Oise.
3. Dont : 1 cant., 2 comm., 41,267 hab. de la Seine.
4. Dont : 3 comm., 61,902 hab. de la Seine.
5. Dont : 3 comm., 61,902 hab. de la Seine.

IIIe RÉGION. — CHEF-LIEU ROUEN.

Comprend les départements du Calvados, de l'Eure, de la Seine-Inférieure, de Seine-et-Oise (arrondissements de Mantes et de Versailles) et de la Seine (cantons de Courbevoie et de Neuilly, 1er, 7e, 8e, 9e, 15e, 16e, 17e et 18e arrondissements de Paris).

(19 *arrondissements*, — 150 *cantons*, — 2,474 *communes*, — 2,722,365 *habitants**.)

Nos DES SUBDIVISIONS de la région.	SIÈGE de la subdivision.	No du rég. d'infanterie de l'armée territle.	DÉPARTEMENTS	ARRONDISSEMENTS	CANTONS	STATISTIQUE de la subdivision. Nombre de Cantons.	Communes.	Population.
			qui concourent à la formation des subdivisions de la région.					
1re	BERNAY. . . .	17e	Eure.	Pont-Audemer. Bernay.	» »	19	280	334,575[1]
			Seine-et-Oise.	Versailles.	Marly, Versailles (nord, ouest et sud).			
			Seine.	Fraction des cantons de Courbevoie et de Neuilly et des 1er, 7e, 8e, 9e, 15e, 16e, 17e et 18e arrondissements de Paris (12 p. 100).				
2e	ÉVREUX. . . .	18e	Eure.	Évreux.	»	19	388	311,474[2]
			Seine-et-Oise.	Versailles. Mantes.	Meulan, Poissy. »			
			Seine.	Fraction des cantons de Courbevoie et de Neuilly et des 1er, 7e, 8e, 9e, 15e, 16e, 17e et 18e arrondissements de Paris (14 p. 100).				
3e	FALAISE . . .	19e	Calvados.	Vire. Falaise.	» »	13	212	308,565[3]
			Seine.	Fraction des cantons de Courbevoie et de Neuilly et des 1er, 7e, 8e, 9e, 15e, 16e, 17e et 18e arrondissements de Paris (22 p. 100).				
4e	LISIEUX. . . .	20e	Calvados.	Pont-l'Évêque. Lisieux.	» »	15	234	333,030[4]
			Seine.	Fraction des cantons de Courbevoie et de Neuilly et des 1er, 7e, 8e, 9e, 15e, 16e, 17e et 18e arrondissements de Paris (26 p. 100).				

*Paris est considéré comme une seule commune, et les 20 arrondissements de la ville comme des cantons.

1. Dont : 1 cant., 1 comm., 96,799 hab. de la Seine ; 4 cant., 31 comm., 96,693 hab. de Seine-et-Oise.
2. Dont : 1 cant., 2 comm., 112,933 hab. de la Seine ; 7 cant., 162 comm., 86,363 hab. de Seine-et-Oise.
3. Dont : 2 cant., 2 comm., 177,467 hab. de la Seine.
4. Dont : 3 cant., 4 comm., 209,733 hab. de la Seine.

N^os DES SUBDIVISIONS de la région.	SIÉGE de la subdivision.	N° du rég. d'infanterie de l'armée territ^le.	DÉPARTEMENTS (qui concourent à la formation des subdivisions de la région.)	ARRONDISSEMENTS	CANTONS	STATISTIQUE de la subdivision. Nombre de Cantons.	Nombre de Communes.	Population.
5e	ROUEN (NORD).	21e	Seine-Infér.	Rouen.	Moins les cantons de Boos, Grand-Couronne, Elbeuf, Rouen (rive gauche)	29	450	414,316[1]
				Dieppe.	»			
				Neufchâtel.	»			
			Seine-et-Oise.	Versailles.	Argenteuil, St-Germain.			
6e	ROUEN (SUD).	22e	Seine-Infér.	Rouen.	Boos, Grand-Couronne, Elbeuf et Rouen (rive gauche)	18	293	347,523[2]
			Eure.	Les Andelys.	»			
				Louviers.	»			
			Seine-et-Oise.	Versailles.	Sèvres, Palaiseau.			
			Seine.	Fraction des cantons de Courbevoie et de Neuilly et des 1er, 7e, 8e, 9e, 15e, 16e, 17e et 18e arrondissements de Paris (8 p. 100).				
7e	CAEN.	23e	Calvados.	Caen.	»	16	325	304,483[3]
				Bayeux.	»			
			Seine.	Fraction des cantons de Courbevoie et de Neuilly et des 1er, 7e, 8e, 9e, 15e, 16e, 17e et 18e arrondissements de Paris (13 p. 100).				
8e	LE HAVRE. . .	24e	Seine-Infér.	Le Havre.	»	21	292	368,369[4]
				Yvetot.	»			
			Seine.	Fraction des cantons de Courbevoie et de Neuilly et des 1er, 7e, 8e, 9e, 15e, 16e, 17e et 18e arrondissements de Paris (5 p. 100).				

1. Dont : 2 cant., 22 comm., 58,422 hab. de Seine-et-Oise.
2. Dont : 1 cant., 1 comm., 64,533 hab. de la Seine ; 2 cant., 24 comm., 52,315 hab. de Seine-et-Oise.
3. Dont : 1 cant., 1 comm., 104,866 hab. de la Seine.
4. Dont : 1 cant., 1 comm., 40,833 hab. de la Seine.

IVe RÉGION. — CHEF-LIEU LE MANS.

Comprend les départements d'Eure-et-Loir, de la Mayenne, de l'Orne, de la Sarthe, de Seine-et-Oise (arrondissement de Rambouillet) et de la Seine (cantons de Villejuif et de Sceaux, 4e, 5e, 6e, 13e et 14e arrondissements de Paris).

(17 *arrondissements,* — 133 *cantons,* — 1,740 *communes,* — 2,043,770 *habitants**.)

N^os des subdivisions de la région.	Siége de la subdivision.	N° du rég. d'infanterie de l'armée territ^le.	Départements	Arrondissements	Cantons	Statistique de la subdivision. Nombre de Cantons.	Communes.	Population.
			qui concourent à la formation des subdivisions de la région.					
1re	LAVAL	25^e	Mayenne.	Château-Gont^r.	»	15	156	219,375[1]
				Laval.	Moins le canton de Chailland.			
			Seine.	Fraction des cantons de Villejuif et de Sceaux et des 4e, 5e, 6e, 13e et 14e arrondissements de Paris (8 p. 100).				
2^e	MAYENNE. . .	26^e	Mayenne.	Mayenne.	»	14	121	196,090[2]
				Laval.	Chailland.			
			Seine.	Fraction des cantons de Villejuif et de Sceaux et des 4^e, 5^e, 6^e, 13^e et 14^e arrondissements de Paris (5 p. 100).				
3^e	MAMERS . . .	27^e	Sarthe.	Mamers.	»	18	229	238,847[3]
				Saint-Calais.	Moins le canton de Château-du-Loir.			
				Le Mans.	Ballon, Montfort et 8e canton du Mans.			
			Seine.	Fraction des cantons de Villejuif et de Sceaux et des 4e, 5e, 6e, 13e et 14 arrondissements de Paris (5 p. 100).				

* Paris est considéré comme une seule commune, et les 20 arrondissements de la ville comme des cantons.

1. Dont : 1 cant., 2 comm., 39,894 hab. de la Seine.
2. Dont : 1 cant., 1 comm., 24,934 hab. de la Seine.
3. Dont : 1 comm., 24,934 hab. de la Seine.

N°s des subdivisions de la région.	Siége de la subdivision.	N° du rég. d'infanterie de l'armée territ.	Départements	Arrondissements	Cantons	Statistique de la subdivision. Nombre de Cantons.	Communes.	Population.
			qui concourent à la formation des subdivisions de la région.					
4e	Le Mans . . .	28e	Sarthe.	La Flèche.	»	16	160	262,610[1]
				Le Mans.	1er et 2e cantons du Mans, Sillé, Conlie, Loué, La Suze, Ecommoy.			
				Saint-Calais.	Château-du-Loir.			
			Seine.	Fraction des cantons de Villejuif et de Sceaux et des 4e, 5e, 6e, 13e et 14e arrondissements de Paris (6 p. 100).				
5e	Dreux	29e	Eure-et-Loir.	Chartres.	Chartres (nord), Courville, Maintenon.	18	305	275,163[2]
				Nogent-le-Rot.	»			
				Dreux.	»			
			Seine-et-Oise.	Rambouillet.	Chevreuse, Montfort-l'Amaury, Rambouillet.			
			Seine.	Fraction des cantons de Villejuif et de Sceaux et des 4e, 5e, 6e, 13e et 14e arrondissements de Paris (18 p. 100).				
6e	Chartres. . .	30e	Eure-et-Loir	Châteaudun.	»	14	248	253,962[3]
				Chartres.	Chartres (sud), Auneau, Illiers, Voves, Janville.			
			Seine-et-Oise.	Rambouillet.	Dourdan (nord et sud), Limours.			
			Seine.	Fraction des cantons de Villejuif et de Sceaux et des 4e, 5e, 6e, 13e et 14e arrondissements de Paris (18 p. 100).				
7e	Alençon . . .	31e	Orne.	Alençon.	»	18	248	300,654[4]
				Mortagne.	»			
			Seine.	Fraction des cantons de Villejuif et de Sceaux et des 4e, 5e, 6e, 13e et 14e arrondissements de Paris (25 p. 100).				
8e	Argentan . .	32e	Orne.	Argentan.	»	20	273	297,069[5]
				Domfront.	»			
			Seine.	Fraction des cantons de Villejuif et de Sceaux et des 4e, 5e, 6e, 13e et 14e arrondissements de Paris (15 p. 100).				

1. Dont : 1 cant., 2 comm., 29,920 hab. de la Seine.
2. Dont : 1 cant., 4 comm., 89,763 hab. de la Seine; 3 cant., 64 comm., 36,110 hab. de Seine-et-Oise.
3. Dont : 1 cant., 4 comm., 89,763 hab. de la Seine; 3 cant., 55 comm., 30,867 hab. de Seine-et-Oise.
4. Dont : 1 cant., 6 comm., 124,671 hab. de la Seine.
5. Dont : 1 cant., 4 comm., 74,802 hab. de la Seine.

Ve RÉGION. — CHEF-LIEU ORLÉANS.

Comprend les départements du Loiret, de Loir-et-Cher, de Seine-et-Marne, de l'Yonne, de Seine-et-Oise (arrondissements d'Étampes et de Corbeil) et de la Seine (cantons de Charenton et de Vincennes, 2e, 3e, 11e et 12e arrondissements de Paris).

(19 *arrondissements*, — 135 *cantons*, — 1,838 *communes*, — 1,939,937 *habitants* *.)

Nos DES SUBDIVISIONS de la région.	SIÉGE de la subdivision.	No du rég. d'infanterie de l'armée territle.	DÉPARTEMENTS	ARRONDISSEMENTS	CANTONS	STATISTIQUE de la subdivision. Nombre de Cantons.	Communes.	Population.
			qui concourent à la formation des subdivisions de la région.					
1re	SENS	33e	Yonne.	Sens.	»	14	184	281,475[1]
				Joigny.	Cerisiers, Villeneuve-sur-Yonne, Brienon et Joigny.			
			Seine-et-Oise.	Corbeil.	Arpajon, Longjumeau.			
			Seine.	Fraction des cantons de Charenton et de Vincennes et des 2e, 3e, 11e et 12e arrondissements de Paris (28 p. 100).				
2e	FONTAINEBLEAU.	31e	Seine-et-Mar.	Fontainebleau.	»	14	230	256,570[2]
				Provins.	»			
			Seine-et-Oise.	Corbeil.	Corbeil.			
			Seine.	Fraction des cantons de Charenton et de Vincennes et des 2e, 3e, 11e et 12e arrondissements de Paris (20 p. 100).				

* Paris est considéré comme une seule commune, et les 20 arrondissements de la ville comme des cantons.

1. Dont : 2 cant., 4 comm., 140,571 hab. de la Seine ; 2 cant., 43 comm., 31,010 hab. de Seine-et-Oise.
2. Dont : 1 cant., 4 comm., 100,407 hab. de la Seine ; 1 cant., 25 comm., 22,766 hab. de Seine-et-Oise.

N°s DES SUBDIVISIONS de la région.	SIÉGE de la subdivision.	N° du rég. d'infanterie de l'armée territ.	DÉPARTEMENTS	ARRONDISSEMENTS	CANTONS	STATISTIQUE de la subdivision. Nombre de Cantons.	Communes.	Population.
			qui concourent à la formation des subdivisions de la région.					
3e	MELUN	35e	Seine-et-Mar. Seine-et-Oise. Seine.	Melun. Coulommiers. Étampes. Fraction des cantons de Charenton et de Vincennes et des 2e, 3e, 11e et 12e arrondissements de Paris (34 p. 100).	» Rosoy. »	13	196	287,512[1]
4e	COULOMMIERS.	36e	Seine-et-Mar. Seine-et-Oise. Seine.	Meaux. Coulommiers. Corbeil. Fraction des cantons de Charenton et de Vincennes et des 2e, 3e, 11e et 12e arrondissements de Paris (18 p. 100).	» Moins Rosoy. Boissy-Saint-Léger.	12	231	238,844[2]
5e	AUXERRE. . .	37e	Yonne.	Auxerre. Avallon. Tonnerre.	» » »	22	286	201,831
6e	MONTARGIS . .	38e	Loiret. Yonne.	Montargis. Gien. Joigny.	» » St-Julien, Charny, Aillant, Bléneau et Saint-Fargeau.	17	206	186,717
7e	BLOIS.	39e	Loir-et-Cher.	»	»	24	297	268,801
8e	ORLÉANS . . .	40e	Loiret.	Orléans. Pithiviers.	» »	19	205	218,187

1. Dont : 2 cant., 4 comm., 170,694 hab. de la Seine; 4 cant., 69 comm., 39,761 hab. de Seine-et-Oise.
2. Dont : 1 cant., 4 comm., 90,367 hab. de la Seine; 1 cant., 25 comm., 17,441 hab. de Seine-et-Oise.

VIe RÉGION. — CHEF-LIEU CHALONS-SUR-MARNE.

Comprend les départements des Ardennes, de l'Aube, de la Marne, de Meurthe-et-Moselle, de la Meuse et des Vosges.

(28 *arrondissements*, — 173 *cantons*, — 3,326 *communes*, — 2,004,911 *habitants*.)

Nos DES SUBDIVISIONS de la région.	SIÉGE de la subdivision.	No du rég. d'infanterie de l'armée territle.	DÉPARTEMENTS qui concourent à la formation des subdivisions de la région.	ARRONDISSEMENTS qui concourent à la formation des subdivisions de la région.	CANTONS qui concourent à la formation des subdivisions de la région.	STATISTIQUE de la subdivision. Nombre de Cantons.	Nombre de Communes.	Population.
1re	NANCY	41e	Meurthe-et-Moselle. Vosges.	Nancy. Lunéville. Saint-Dié.	Nancy (ouest) et St-Nicolas. » »	18	293	237,200
2e	TOUL.	42e	Meurthe-et-Moselle.	Toul. Nancy.	» Moins Nancy (ouest) et Saint-Nicolas.	11	270	169,725
3e	NEUFCHATEAU.	43e	Vosges.	Épinal. Mirecourt. Remiremont. Neufchâteau.	» » » »	21	410	293,142
4e	VERDUN. . . .	44e	Meurthe-et-Moselle. Meuse.	Briey. Verdun. Bar-le-Duc. Commercy.	Briey, Conflans, Chambley. » » »	25	510	246,835
5e	MÉZIÈRES. . .	45e	Ardennes. Meuse. Meurthe-et-Moselle.	Rocroi. Mézières. Sedan. Montmédy. Briey.	» » » » Longuyon, Longwy, Audun.	26	460	298,929
6e	REIMS.	46e	Marne. Ardennes.	Reims. Vouziers. Rethel.	» » »	24	424	278,484
7e	TROYES. . . .	47e	Aube.	»	»	26	446	255,687
8e	CHALONS-S.-M.	48e	Marne.	Ste-Menehould. Châlons. Vitry. Épernay.	» » » »	22	483	224,909

VIIe RÉGION. — CHEF-LIEU BESANÇON.

Comprenant les départements de l'Ain, du Doubs, du Jura, de la Haute-Marne, du Haut-Rhin, de la Haute-Saône et du Rhône (canton de Neuville, 4e et 5e arrondissements de Lyon.)

(20 *arrondissements,* — 159 *cantons,* — 2,926 *communes,* — 1,656,545 *habitants.*)

Nos des subdivisions de la région.	Siége de la subdivision.	No du rég. d'infanterie de l'armée territle.	Départements (qui concourent à la formation des subdivisions de la région)	Arrondissements (qui concourent à la formation des subdivisions de la région)	Cantons (qui concourent à la formation des subdivisions de la région)	Statistique de la subdivision. Nombre de Cantons.	Nombre de Communes.	Population.
1re	BELFORT . . .	49e	Haut-Rhin. Haute-Saône. Doubs.	Belfort. Lure. Baume-les-D. Montbéliard.	» Champagney. » »	20	461	202,746
2e	VESOUL. . . .	50e	Haute-Saône.	Vesoul. Lure.	» Moins Champagney.	19	409	213,895
3e	LANGRES[1] . . .	51e	Haute-Marne. Haute-Saône. Rhône.	Langres. Chaumont. Gray. Lyon.	» Arc-en-Barrois. » 4e arrondissement de Lyon.	20	384	208,815[1]
4e	CHAUMONT . .	52e	Haute-Marne. Rhône.	Chaumont. Vassy. Lyon.	Moins Arc-en-Barrois. » Neuville et 5e arrondissement de Lyon.	19	345	221,030[2]
5e	LONS-LE-SAULNIER.	53e	Jura.	Lons-le-Saulr. Poligny. Dôle. Saint-Claude.	» » Chaumergy, Chaussin et Montbarrey. »	26	495	236,498
6e	BESANÇON . .	54e	Doubs. Jura.	Besançon. Pontarlier. Dôle.	» » Moins Chaumergy, Chaussin et Montbarrey.	19	380	210,271
7e	BOURG	55e	Ain.	Bourg. Trévoux.	Moins Pont-d'Ain. Moins Montluel, Chalamont et Meximieux.	14	184	175,779
8e	BELLEY. . . .	56e	Ain.	Belley. Gex. Nantua. Bourg. Trévoux.	» » » Pont-d'Ain. Montluel, Chalamont, Meximieux.	22	268	187,511

1. Dont : 1 cant., 33,222 hab. de la circonscription de recrutement de Lyon.
2. Dont : 2 cant., 14 commu., 70,083 hab. de la circonscription de recrutement de Lyon.

VIIIe RÉGION. — CHEF-LIEU BOURGES.

Comprend les départements du Cher, de la Côte-d'Or, de la Nièvre, de Saône-et-Loire et du Rhône (arrondissement de Villefranche).

(17 *arrondissements*, — 149 *cantons*, — 2,041 *communes*, — 1,820,116 *habitants*.)

N°s DES SUBDIVISIONS de la région.	SIÈGE de la subdivision.	N° du rég. d'infanterie de l'armée territle.	DÉPARTEMENTS qui concourent à la formation des subdivisions de la région.	ARRONDISSEMENTS	CANTONS	Statistique de la subdivision. Nombre de Cantons.	Communes.	Population.
1re	AUXONNE . . .	57e	Saône-et-Loire.	Louhans.	St-Pierre-en-Bresse.	16	299	195,381
				Châlon.	Chagny, Verdun-sur-Doubs et Saint-Martin-en-Bresse.			
			Côte-d'Or.	Beaune.	»			
				Dijon.	Auxonne et Pontailler.			
2e	DIJON.	58e	Côte-d'Or.	Châtillon.	»	21	483	282,177
				Semur.	»			
				Dijon.	Moins Auxonne et Pontailler.			
3e	CHALON. . . .	59e	Saône-et Loire.	Mâcon.	Cluny, St-Gengoux, Lugny et Tournus.	18	245	234,902
				Louhans.	Moins Saint-Pierre-en-Bresse.			
				Châlon.	Moins Chagny, Verdun-sur-Doubs et St-Martin-en-Bresse			
4e	MACON	60e	Saône-et-Loire.	Mâcon.	Mâcon (nord et sud), La Chapelle, Tramayes et Matour.	15	188	233,586
			Rhône.	Villefranche[1]	»			
5e	COSNE.	61e	Cher.	Sancerre	»	20	234	229,065
			Nièvre.	Clamecy.	»			
				Cosne.	»			
6e	BOURGES . . .	62e	Cher.	Bourges.	»	18	183	217,291
				Saint-Amand.	Moins la Guerche, Sancoins et Nérondes.			
7e	AUTUN	63e	Saône-et-Loire.	Charolles.	»	22	222	248,761
				Autun.	»			
8e	NEVERS. . . .	64e	Nièvre.	Château-Chinon	»	16	187	228,953
				Nevers.	»			
			Cher.	Saint-Amand.	La Guerche, Sancoins et Nérondes.			

1. Cette fraction du département du Rhône fait partie intégrante de la subdivision de Mâcon.

IXe RÉGION. — Chef-lieu TOURS.

Comprend les départements de Maine-et-Loire, d'Indre-et-Loire, de l'Indre, des Deux-Sèvres et de la Vienne.

(21 *arrondissements,* — 143 *cantons,* — 1,562 *communes,* — 1,765,032 *habitants.*)

Nos des subdivisions de la région.	Siège de la subdivision.	No du rég. d'infanterie de l'armée territle.	Départements	Arrondissements	Cantons	Statistique de la subdivision. Nombre de Cantons.	Communes.	Population.
			qui concourent à la formation des subdivisions de la région.					
1re	Chateauroux.	65e	Indre.	Issoudun. La Châtre. Châteauroux.	» » Moins Châtillon et Écueillé.	15	169	200,339
2e	Le Blanc. . .	66e	Indre. Vienne. Indre-et-Loire.	Châteauroux. Le Blanc. Montmorillon. Loches.	Châtillon et Écueillé » » »	20	204	203,583
3e	Parthenay. .	67e	Deux-Sèvres.	Parthenay. Bressuire. Niort.	» » »	24	264	259,178
4e	Poitiers . . .	68e	Vienne. Deux-Sèvres.	Poitiers. Civray. Melle.	Moins Saint-Julien, Saint-Georges, Neuville et Mirebeau. » »	18	184	198,684
5e	Chatellerault.	69e	Vienne. Indre-et-Loire.	Châtellerault. Loudun. Poitiers. Chinon.	» » Saint-Julien, Saint-Georges, Neuville et Mirebeau. Moins Langeais et Bourgueil.	19	218	189,595
6e	Tours	70e	Indre-et-Loire. Maine-et-Loire.	Tours. Chinon. Saumur. Baugé.	» Langeais et Bourgueil. Saumur (nord-est, nord-ouest et sud-est). Noyant et Longué.	18	195	260,774
7e	Angers. . . .	71e	Maine-et-Loire.	Segré. Baugé. Angers.	» Moins Noyant et Longué. Moins Chalonne, Pont-de-Cé et Thouaré.	15	150	224,387
8e	Cholet. . . .	72e	Maine-et-Loire.	Cholet. Angers. Saumur.	» Pont-de-Cé, Chalonne et Thouaré. Moins Saumur (nord-est, nord-ouest et sud-est).	14	178	228,492

Xe RÉGION. — CHEF-LIEU RENNES.

Comprend les départements des Côtes-du-Nord, de la Manche et d'Ille-et-Vilaine.

(17 *arrondissements*, — 139 *cantons*, — 1,382 *communes*, — 1,756,603 *habitants*.)

Nos DES SUBDIVISIONS de la région.	SIÉGE de la subdivision.	No du rég. d'infanterie de l'armée territle.	DÉPARTEMENTS	ARRONDISSEMENTS	CANTONS	STATISTIQUE de la subdivision. Nombre de Cantons.	Communes.	Population.
			qui concourent à la formation des subdivisions de la région.					
1re	GUINGAMP. . .	73e	Côtes-du-Nord.	Guingamp. Lannion.	» »	17	141	240,002
2e	SAINT-BRIEUC.	74e	Côtes-du-Nord.	Saint-Brieuc. Loudéac.	» »	21	155	264,843
3e	RENNES. . . .	75e	Ille-et-Vilaine.	Rennes. Redon. Montfort.	» » »	22	172	297,357
4e	VITRÉ	76e	Ille-et-Vilaine.	Vitré. Fougères.	» »	12	118	161,804
5e	CHERBOURG . .	77e	Manche.	Valognes. Cherbourg.	» »	12	190	167,318
6e	SAINT-MALO. .	78e	Ille-et-Vilaine. Côtes-du-Nord.	Saint-Malo. Dinan.	» »	19	153	247,821
7e	GRANDVILLE .	79e	Manche.	Avranches. Mortain.	» »	17	198	174,766
8e	SAINT-LÔ . . .	80e	Manche.	Saint-Lô. Coutances.	» »	19	255	202,692

XIe RÉGION. — Chef-lieu NANTES.

Comprend les départements du Finistère, de la Loire-Inférieure, du Morbihan et de la Vendée.

(17 *arrondissements,* — 155 *cantons,* — 1,046 *communes,* — 2,136,967 *habitants.*)

Nos des subdivisions de la région.	Siége de la subdivision.	No du rég. d'infanterie de l'armée territle.	Départements	Arrondissements	Cantons	Statistique de la subdivision. Nombre de Cantons.	Communes.	Population.
			qui concourent à la formation des subdivisions de la région.					
1re	Nantes. . . .	81e	Loire-Infér.	Nantes.	Moins Carquefou, Vertou, Le Loroux, Vallet, Clisson et Aigrefeuille.	27	113	397,112
				Saint-Nazaire.	»			
				Paimbœuf.	»			
2e	Ancenis. . . .	82e	Loire-Infér.	Ancenis.	»	18	102	205,094
				Châteaubriant.	»			
				Nantes.	Carquefou, Vertou, Le Loroux, Vallet, Clisson et Aigrefeuille.			
3e	La Roche-sur-Yon.	83e	Vendée.	La Roche-sur-Yon.	Moins Mortagne, Les Herbiers et Chantonnay.	18	151	218,145
				Les Sables d'Ol.	»			
4e	Fontenay. . .	84e	Vendée.	La Roche-sur-Yon.	Mortagne, Les Herbiers et Chantonnay.	12	147	183,301
				Fontenay.	»			
5e	Vannes. . . .	85e	Morbihan.	Vannes.	»	19	145	223,769
				Ploërmel.	»			
6e	Quimper . . .	86e	Finistère.	Quimper.	»	21	143	287,996
				Quimperlé.	»			
				Châteaulin.	»			
7e	Brest	87e	Finistère.	Brest.	»	22	142	354,967
				Morlaix.	»			
8e	Lorient . . .	88e	Morbihan.	Lorient.	»	18	103	266,583
				Pontivy.	»			

XIIe RÉGION. — Chef-lieu LIMOGES.

Comprend les départements de la Charente, de la Corrèze, de la Creuse, de la Dordogne et de la Haute-Vienne.

(21 *arrondissements*, — 157 *cantons*, — 1,760 *communes*, — 1,747,517 *habitants*.)

Nos DES SUBDIVISIONS de la région.	SIÉGE de la subdivision.	No du rég. d'infanterie de l'armée territle.	DÉPARTEMENTS	ARRONDISSEMENTS	CANTONS	STATISTIQUE de la subdivision. Nombre de Cantons.	Communes.	Population.
			qui concourent à la formation des subdivisions de la région.					
1re	Limoges . . .	89e	Haute-Vienne. Creuse. Dordogne.	Limoges. Rochechouart. Saint-Yrieix. Bourganeuf. Nontron.	» Moins Saint-Junien. Nexon et Chalus. Moins Bénévent. Moins Mareuil, Champagnac, Thiviers, Lanouaille et Jumilhac.	22	178	268,773
2e	Magnac-Laval	90e	Haute-Vienne. Charente. Creuse.	Rochechouart. Bellac. Confolens. Guéret. Bourganeuf.	Saint-Junien. » » La Souterraine et Grand-Bourg. Bénévent.	18	165	191,437
3e	Guéret. . . .	91e	Creuse.	Aubusson. Boussac. Guéret.	» » Moins La Souterraine et Grand-Bourg.	19	205	208,058
4e	Tulle	92e	Corrèze.	Tulle. Ussel.	» »	19	189	191,287
5e	Périgueux . .	93e	Charente. Dordogne.	Barbezieux. Ribérac. Nontron. Périgueux.	» » Mareuil et Champagnac. Moins Excideuil, Hautefort et Thenon.	21	263	218,514
6e	Angoulême. .	94e	Charente.	Angoulême. Ruffec. Cognac.	» » »	17	280	253,294
7e	Brives	95e	Dordogne. Haute-Vienne. Corrèze.	Nontron. Périgueux. Sarlat. Saint-Yrieix. Brives.	Lanouaille, Jumilhac et Thiviers. Excideuil, Hautefort et Thenon. Terrasson. Saint-Yrieix et Saint-Germain. »	19	192	210,905
8e	Bergerac . .	96	Dordogne.	Bergerac. Sarlat.	» Moins Terrasson.	22	238	205,249

XIIIe RÉGION. — CHEF-LIEU CLERMONT-FERRAND.

Comprend les départements de l'Allier, de la Loire, du Puy-de-Dôme, de la Haute-Loire, du Cantal et du Rhône (cantons de l'Arbresle, Condrieu, Limonest, Mornant, Saint-Symphorien, Saint-Laurent et Vaugneray).

(19 *arrondissements*, — 166 *cantons*, — 1,719 *communes*, — 2,147,872 *habitants*.)

Nos des subdivisions de la région.	Siège de la subdivision.	No du rég. d'infanterie de l'armée territle.	Départements (qui concourent à la formation des subdivisions de la région)	Arrondissements	Cantons	Statistique de la subdivision. Nombre de Cantons.	Communes.	Population.
1re	Riom	97e	Puy-de-Dôme.	Riom. Thiers. Clermont.	» » Clermont (nord-est, nord-ouest et sud-ouest), Rochefort, Bourg-Lastic et Herment.	25	218	293,851
2e	Montluçon	98e	Allier.	Moulins. Montluçon. Gannat.	» » »	22	242	303,372
3e	Clermont	99e	Puy-de-Dôme.	Clermont. Issoire. Ambert.	Moins Clermont (n.-est, nord-ouest et sud-ouest), Rochefort, Bourg-Lastic et Herment. » »	25	238	272,612
4e	Aurillac	100e	Haute-Loire. Cantal.	Brioude. »	Blesle, Auzon, La Chaise-Dieu, Brioude et Lavoûte. »	28	327	281,338
5e	Le Puy	101e	Haute-Loire.	Le Puy. Yssingeaux. Brioude.	» » Pinols, Langeac et Paulhaguet.	23	199	259,261
6e	St-Étienne	102e	Loire.	Saint-Étienne.	»	11	77	268,917
7e	Montbrison	103e	Loire. Rhône.	Montbrison. Lyon.	» L'Arbresle, Condrieu, Limonest, Saint-Symphorien, Saint-Laurent, Vaugneray et Mornant [1]	16	231	231,106
8e	Roanne	104e	Allier. Loire.	La Palisse. Roanne.	» »	16	187	237,415

1. Ces fractions du département du Rhône font partie intégrante de la subdivision de Montbrison.

XIVe RÉGION. — CHEF-LIEU GRENOBLE.

Comprend les départements des Hautes-Alpes, de la Drôme, de l'Isère, de la Savoie, de la Haute-Savoie, et du Rhône (cantons de Givors, Saint-Genis-Laval, Villeurbanne, 1er, 2e, 3e et 6e arrondissements de Lyon).

(20 *arrondissements,* — 164 *cantons,* — 1,780 *communes,* — 1,851,686 *habitants.*)

Nos des subdivisions de la région.	Siége de la subdivision.	No du rég. d'infanterie de l'armée territle.	Départements qui concourent à la formation des subdivisions de la région	Arrondissements qui concourent à la formation des subdivisions de la région	Cantons qui concourent à la formation des subdivisions de la région	Statistique de la subdivision. Nombre de cantons.	Nombre de communes.	Population.
1re	GRENOBLE . .	105e	Isère.	Grenoble.	»	20	212	220,317
2e	BOURGOIN. . .	106e	Isère.	La Tour-du-Pin Saint-Marcellin	» »	15	209	208,369
3e	ANNECY. . . .	107e	Savoie (Haute-).	»	»	28	313	273,027
4e	CHAMBÉRY . .	108e	Savoie.	»	»	29	327	267,958
5e	VIENNE. . . .	109e	Isère. Rhône.	Vienne. Lyon.	» Givors et 6e arrondissement de Lyon.	13	144	203,579[1]
6e	ROMANS. . . .	110e	Drôme. Rhône.	Valence. Lyon.	» 3e arrondissement de Lyon.	11	110	214,517[2]
7e	MONTÉLIMART.	111e	Drôme. Rhône.	Montélimart. Die. Nyons. Lyon.	» » » Villeurbanne et 1er arrondissement de Lyon.	22	264	251,834[3]
8e	GAP.	112e	Alpes (Hautes-). Rhône.	» Lyon.	» Saint-Genis-Laval et 2e arrondissem. de Lyon.	26	201	212,085[4]

1. Dont : 3 cant., 10 comm., 56,481 hab. de la circonscription de recrutement de Lyon.
2. Dont : 1 cant., 10 comm., 57,414 hab. de la circonscription de recrutement de Lyon.
3. Dont : 3 cant., 4 comm., 88,190 hab. de la circonscription de recrutement de Lyon.
4. Dont : 2 cant., 12 comm., 93,187 hab. de la circonscription de recrutement de Lyon.

XVe RÉGION. — CHEF-LIEU MARSEILLE.

Comprend les départements des Basses-Alpes, des Alpes-Maritimes, de l'Ardèche, des Bouches-du-Rhône, de la Corse, du Gard, du Var et de Vaucluse.

(30 *arrondissements,* — 265 *cantons,* — 1,854 *communes,* — 2,509,403 *habitants.*)

Nos DES SUBDIVISIONS de la région.	SIÉGE de la subdivision.	No du rég. d'infanterie de l'armée territle.	DÉPARTEMENTS qui concourent à la formation des subdivisions de la région.	ARRONDISSEMENTS qui concourent à la formation des subdivisions de la région.	CANTONS qui concourent à la formation des subdivisions de la région.	STATISTIQUE de la subdivision. Nombre de Cantons.	Nombre de Communes.	Population.
1re	TOULON	113e	Var. Bouches-du-Rhône.	Brignoles. Toulon. Marseille.	» » Aubagne, La Ciotat, Roquevaire, centre-extra et sud-extra de Marseille.	22	99	320,271
2e	ANTIBES	114e	Alpes-Marit. Var.	» Draguignan.	» »	36	212	285,168
3e	AIX. AIX pour la partie du département des Bouches-du-Rhône.	115e	Bouches-du-Rhône.	Arles. Aix. Marseille.	» » Centre-intra, nord-intra, nord-extra et sud-intra de Marseille.	52	343	581,598
	DIGNE pour la partie du département des Basses-Alpes	145e	Alpes (Basses-).	»	»			
4e	AJACCIO	116e	Corse.	»	»	62	364	258,507
5e	NIMES	117e	Gard.	Nîmes. Alais. Le Vigan.	» » »	32	248	338,122
6e	AVIGNON	118e	Vaucluse.	»	»	22	150	263,451
7e	PRIVAS	119e	Ardèche.	Tournon. Privas.	» Moins Viviers, Bourg-Saint-Andéol et Villeneuve-de-Berg.	18	201	240,479
8e	PONT-SAINT-ESPRIT	120	Gard. Ardèche.	Uzès. Largentière. Privas.	» » Viviers, Bourg-St-Andéol et Villeneuve-de-Berg.	21	237	221,807

XVIe RÉGION. — CHEF-LIEU MONTPELLIER.

Comprend les départements de l'Aude, de l'Aveyron, de l'Hérault, de la Lozère, du Tarn et des Pyrénées-Orientales.

(23 *arrondissements,* — 185 *cantons,* — 1,802 *communes,* — 1,798,043 *habitants.*)

Nos DES SUBDIVISIONS de la région.	SIÉGE de la subdivision.	No du rég. d'infanterie de l'armée territle.	DÉPARTEMENTS	ARRONDISSEMENTS	CANTONS	STATISTIQUE de la subdivision. Nombre de Cantons.	Communes.	Population.
			qui concourent à la formation des subdivisions de la région.					
1re	BÉZIERS	121e	Hérault.	Béziers. Saint-Pons.	» »	17	146	197,856
2e	MONTPELLIER.	122	Hérault. Aveyron.	Montpellier. Lodève. Saint-Affrique.	» » »	25	243	291,388
3e	MENDE	123e	Lozère. Aveyron.	» Milhau.	» »	33	244	201,705
4e	RODEZ	124e	Aveyron.	Rodez. Villefranche. Espalion.	» » »	27	185	276,593
5e	NARBONNE	125e	Aude.	Narbonne. Carcassonne. Limoux.	» Moins Saissac, Montréal, Alzonne et Carcassonne (est et ouest.) »	21	326	193,013
6e	PERPIGNAN	126e	Pyrén.-Orient.	»	»	17	231	191,856
7e	CARCASSONNE.	127e	Tarn. Aude.	Castres. Castelnaudary. Carcassonne.	» » Saissac, Montréal, Alzonne et Carcassonne (est et ouest).	24	202	234,043
8e	ALBI	128e	Tarn.	Albi. Gaillac. Lavaur.	» » »	21	225	211,589

XVIIe RÉGION. — Chef-lieu TOULOUSE.

Comprend les départements de l'Ariége, de la Haute-Garonne, du Gers, du Lot, de Lot-et-Garonne et de Tarn-et-Garonne.

(22 *arrondissements*, — 176 *cantons*, — 2,219 *communes*, — 1,832,680 *habitants*.)

Nos des subdivisions de la région.	Siége de la subdivision.	No du rég. d'infanterie de l'armée territle.	Départements qui concourent à la formation des subdivisions de la région.	Arrondissements qui concourent à la formation des subdivisions de la région.	Cantons qui concourent à la formation des subdivisions de la région.	Statistique de la subdivision. Nombre de cantons.	Statistique de la subdivision. Nombre de communes.	Statistique de la subdivision. Population.
1re	Agen.	129e	Tarn-et-Gar.	Castelsarrasin.	Saint-Nicolas, Lavit et Beaumont.	24	228	220,141
				Moissac.	»			
			Lot-et-Garonne	Agen.	»			
				Nérac.	Nérac et Francescas.			
			Gers.	Condom.	Condom et Montréal.			
				Lectoure.	Lectoure et Mira-doux.			
2e	Marmande . .	130e	Lot-et-Garonne	Marmande.	»	20	197	188,509
				Villeneuve.	Moins Villeréal, Montflanquin, Fumel et Tournon.			
				Nérac.	Moins Nérac et Francescas.			
3e	Cahors. . . .	131e	Lot.	Figeac.	Cajarc.	24	233	209,848
				Gourdon.	Payrac, Gourdon, Salviac, Saint-Germain et La Bastide.			
				Cahors.	»			
			Lot-et-Garonne	Villeneuve.	Villeréal, Montflanquin, Fumel et Tournon.			
			Tarn-et-Gar.	Montauban.	Molières et Montpezat.			

Nos DES SUBDIVISIONS de la région.	SIÉGE de la subdivision.	No du rég. d'infanterie de l'armée territle.	DÉPARTEMENTS	ARRONDISSEMENTS	CANTONS	STATISTIQUE de la subdivision. Nombre de Cantons.	Communes.	Population.
			qui concourent à la formation des subdivisions de la région.					
4e	MONTAUBAN. .	132e	Lot.	Gourdon.	Moins Payrac, Gourdon, Salviac, Saint-Germain et la Bastide.	24	220	245,526
				Figeac.	Moins Cajarc.			
			Tarn-et-Gar.	Montauban.	Moins Molières et Montpezat.			
				Castelsarrasin.	Castelsarrasin, Montech, Verdun et Grisolles.			
5e	TOULOUSE . .	133e	Haute-Garonne	Toulouse.	»	21	265	290,124
				Villefranche.	»			
				Muret.	Saint-Lis, Muret et Auterive.			
6e	FOIX	134e	Haute-Garonne	Muret.	Cintegabelle.	16	265	183,828
			Ariége.	Pamiers.	»			
				Foix.	»			
				Saint-Girons.	Massat.			
7e	MIRANDE . . .	135e	Gers.	Mirande.	»	25	421	242,996
				Auch.	»			
				Condom.	Moins Condom et Montréal.			
				Lectoure.	Moins Lectoure et Miradoux.			
				Lombez.	»			
8e	ST-GAUDENS. .	136e	Haute-Garonne	Muret.	Moins Cintegabelle, Saint-Lis, Muret et Auterive.	22	390	251,708
				Saint-Gaudens.	»			
			Ariége.	Saint-Girons.	Moins Massat.			

XVIIIe RÉGION. — CHEF-LIEU BORDEAUX.

Comprend les départements de la Charente-Inférieure, de la Gironde, des Landes, des Basses-Pyrénées et des Hautes-Pyrénées.

(23 *arrondissements,* — 182 *cantons,* — 2,399 *communes,* — 2,133,186 *habitants.*)

Nos DES SUBDIVISIONS de la région.	SIÉGE de la subdivision.	No du rég. d'infanterie de l'armée territle.	DÉPARTEMENTS	ARRONDISSEMENTS	CANTONS	STATISTIQUE de la subdivision. Nombre de Cantons.	Communes.	Population.
			qui concourent à la formation des subdivisions de la région.					
1re	SAINTES. . . .	137e	Charente-Infér.	Saintes. Marennes. Jonzac.	» » »	21	263	236,022
2e	LA ROCHELLE.	138e	Charente-Infér.	La Rochelle. Rochefort. St.-J.-d'Angély.	» » »	19	216	229,631
3e	LIBOURNE. . .	139e	Gironde.	Libourne. Blaye. La Réole.	» » »	19	292	225,431
4e	BORDEAUX . .	140e	Gironde.	Bordeaux. Lesparre. Bazas.	» » »	29	259	479,718
5e	MONT-DE-MARSAN.	141e	Landes.	Mont-de-Marsan Saint-Sever. Dax.	» » Montfort et Castets.	22	256	218,973
6e	BAYONNE . . .	142e	Basses-Pyrén. Landes.	Bayonne. Mauléon. Dax.	» » Moins Montfort et Castets.	20	235	242,239
7e	PAU	143e	Basses-Pyrén.	Pau. Orthez. Oloron.	» » »	26	398	266,016
8e	TARBES. . . .	144e	Hautes-Pyrén.	»	»	26	480	235,156

RÉCAPITULATION PAR RÉGIONS[1]

RÉGIONS.	ARRONDISSEMENTS.	CANTONS.	COMMUNES.	POPULATION.
Ire	13	105	1,565	2,208,922
IIe	16	125	2,556	2,027,366
IIIe	19	150	2,474	2,722,365
IVe	17	133	1,740	2,043,770
Ve	19	135	1,838	1,939,937
VIe	28	173	3,326	2,004,911
VIIe	20	159	2,926	1,656,545
VIIIe	17	149	2,041	1,820,116
IXe	21	143	1,562	1,765,032
Xe	17	139	1,382	1,756,603
XIe	17	155	1,046	2,136,967
XIIe	21	157	1,760	1,747,517
XIIIe	19	166	1,719	2,147,872
XIVe	20	164	1,780	1,851,686
XVe	30	265	1,854	2,509,403
XVIe	23	185	1,802	1,798,043
XVIIe	22	176	2,219	1,832,680
XVIIIe	23	182	2,399	2,133,186
TOTAUX.	362	2,861[2]	35,989	36,102,921

1. Recensement de 1872. *Bulletin des lois*, 2e semestre 1872, no 114.

2. Le *Bulletin des lois* porte 2,865 cantons, mais il n'en existe réellement que 2,861; cette différence provient de ce que dans le relevé officiel on a porté, aux départements ci-après, le nombre de cantons existant avant l'annexion :

Meurthe-et-Moselle	29 cantons, tandis que le chiffre exact est	de	27
Vosges	30 — —	de	29
Belfort	6 — —	de	5
Différence en moins.			4

II

SIÉGE DES BUREAUX

DE RECRUTEMENT

ET DES SUBDIVISIONS DE RÉGION

Extrait de la loi du 13 mars 1875, article 18 (*services du recrutement et de la mobilisation*).

Extrait du décret du 25 avril 1874, articles 3, 4 et 5 (*administration des réservistes de la marine, tableau des circonscriptions de réserve maritime*).

Tableaux, par ordre alphabétique, des bureaux de recrutement, avec les indications suivantes : *numéros de la subdivision, du corps d'armée, du régiment territorial d'infanterie; départements qui concourent à la formation de la subdivision; numéro et chef-lieu de la circonscription de réserve maritime.*

ARMÉE DE TERRE

EXTRAIT DE LA LOI DU 13 MARS 1875

RELATIVE A LA CONSTITUTION DES CADRES ET EFFECTIFS DE L'ARMÉE ACTIVE ET DE L'ARMÉE TERRITORIALE

RECRUTEMENT ET MOBILISATION

ARTICLE 18. Les bureaux de recrutement établis par subdivisions de région, conformément aux prescriptions des articles 5 et 18 de la loi du 24 juillet 1873, embrassent les services du recrutement, de la mobilisation, des réquisitions et de l'armée territoriale.

Les commandants des bureaux de recrutement dirigent ces services, sous l'autorité hiérarchique des généraux de brigade et de division en fonctions dans le corps d'armée auxquels le commandement des subdivisions de région correspondantes est conféré en vertu de décisions prises par le Ministre de la guerre.

Ces officiers généraux sont, par la présente loi et par extension des dispositions de la loi du 24 juillet 1873, investis du commandement territorial desdites subdivisions de région, sous l'autorité supérieure des commandants de corps d'armée.

Le personnel affecté aux bureaux de recrutement est déterminé par le tableau I annexé à la présente loi.

Le service du recrutement, de la mobilisation, des réquisitions et de l'armée territoriale, est assuré dans les commandements de Paris et de Lyon par un règlement spécial du Ministre de la guerre.

TABLEAU I.

PERSONNEL DES BUREAUX DE RECRUTEMENT DE SUBDIVISION RÉGIONALE.

Composition d'un bureau.

1° Officier supérieur, commandant du bureau	1
2° *Personnel spécial au recrutement, à la mobilisation et aux réquisitions :*	
Capitaine	1
Lieutenant ou sous-lieutenant	1
Sous-officiers	3
Caporal ou brigadier	1
3° *Personnel administratif spécial à l'armée territoriale :*	
Capitaine-major du régiment d'infanterie de l'armée territoriale, fourni par la subdivision régionale	1
Lieutenant ou sous-lieutenant adjoint marchant avec les bataillons actifs en cas de mobilisation et y remplissant l'emploi d'officier trésorier	1
Sous-officier	1

Un officier du grade de capitaine ou lieutenant peut être détaché d'un corps de troupes à cheval de la région dans chaque bureau de recrutement de subdivision. Cet officier ne cesse pas de compter à son corps de troupe.

Le personnel administratif spécial à l'ensemble des troupes de l'armée territoriale de chaque région autres que celles de l'infanterie comprend par région :

1 Capitaine-major.
1 Lieutenant ou sous-lieutenant adjoint.
2 Sous-officiers.

ARMÉE DE MER

EXTRAIT DU DÉCRET DU 25 AVRIL 1874

. . . .

ARTICLE 3. Dans chaque port militaire, l'administration des réservistes résidant dans la circonscription dont ce port militaire est le point de concentration, est centralisée dans un bureau qui prend la dénomination de 1er, 2e, 3e, 4e et 5e bureau des réservistes de l'armée de mer, en suivant l'ordre adopté pour la classification des arrondissements maritimes.

ARTICLE 4. Le bureau des réservistes est dirigé, sous la surveillance immédiate du commissaire général de la marine, par l'officier du commissariat chargé du bureau central de l'inscription maritime.

Ce fonctionnaire est assisté de secrétaires militaires appartenant, par proportions variables, aux équipages de la flotte et aux troupes de la marine.

ARTICLE 5. Dans les départements, l'administration des réservistes de l'armée de mer reste confiée aux commandants des dépôts de recrutement agissant pour le compte du Ministre de la Marine.

. . . .

TABLEAU

Indiquant les cinq circonscriptions de réserve maritime déterminées par le décret du 25 avril 1874.

1re CIRCONSCRIPTION 19 départements. — CHERBOURG, port de centralisation.	2e CIRCONSCRIPTION 7 départements. — BREST, port de centralisation.	3e CIRCONSCRIPTION 11 départements. — LORIENT, port de centralisation.	4e CIRCONSCRIPTION 18 départements. — ROCHEFORT, port de centralisation.	5e CIRCONSCRIPTION 31 départements. — TOULON, port de centralisation.
Aisne. Aube. Ardennes. Calvados. Eure. Haute-Marne. Marne. Meuse. Meurthe-et-Moselle Manche. Nord. Oise. Pas-de-Calais. Seine-Inférieure. Seine. Seine-et-Oise. Somme. Seine-et-Marne. Vosges.	Côtes-du-Nord. Eure-et-Loir. Finistère. Ille-et-Vilaine. Mayenne. Orne. Sarthe.	Cher. Indre-et-Loire. Indre. Loire-Inférieure. Loiret. Loir-et-Cher. Morbihan. Maine-et-Loire. Nièvre. Vendée. Yonne.	Ariége. Basses-Pyrénées. Charente-Inférre. Charente. Corrèze. Creuse. Deux-Sèvres. Dordogne. Gironde. Gers. Haute-Vienne. Haute-Garonne. Hautes-Pyrénées. Landes. Lot-et-Garonne. Lot. Tarn-et-Garonne. Vienne.	Algérie. Ain. Allier. Ardèche. Aveyron. Alpes-Maritimes. Aude. Bouches-du-Rhône. Basses-Alpes. Côte-d'Or. Cantal. Corse. Doubs. Drôme. Haute-Saône. Hautes-Alpes. Haute-Loire. Haute-Savoie. Hérault. Isère. Jura. Gard. Loire. Lozère. Puy-de-Dôme. Pyrénées-Orientles. Rhône. Saône-et-Loire. Savoie. Tarn. Vaucluse. Var.

BUREAUX DE RECRUTEMENT

Le territoire de la France, sauf le département de la Seine, celui de Seine-et-Oise, et la ville de Lyon avec quatre cantons du département du Rhône (Neuville, Givors, Villeurbanne et Saint-Genis-Laval), est divisé en 144 subdivisions de région (8 par région de corps d'armée), conformément au décret du 6 août 1874.

Au chef-lieu de chacune de ces subdivisions se trouve un bureau dit *de recrutement,* duquel relèvent *tous* les hommes de la subdivision de région soumis au service, aussi bien les jeunes soldats de la 1re et de la 2e portion des contingents, que les disponibles et les réservistes de l'armée active et les hommes destinés aux régiments d'infanterie de l'armée territoriale. Quant aux hommes appartenant à l'ensemble des troupes de l'armée territoriale de chaque région de corps d'armée autres que celles de l'infanterie, ils relèvent d'un bureau spécial établi au chef-lieu de cette région.

Outre ces 144 bureaux de subdivision, il y a 8 autres bureaux de recrutement en France et 3 en Algérie (total 155), savoir :

Un à Digne, annexe de celui de la subdivision d'Aix;

Un à Lyon, pour la ville de Lyon et les cantons du Rhône ci-dessus désignés, dont les disponibles et les réservistes de l'armée active sont, ainsi que les hommes de l'armée territoriale, répartis entre les VIIe et XIVe Corps;

Un à Versailles, pour le département de Seine-et-Oise, dont les disponibles et les réservistes de l'armée active sont, ainsi que les hommes de l'armée territoriale, répartis entre les IIe, IIIe, IVe et Ve Corps;

Cinq dans le département de la Seine, dont les hommes soumis au service sont répartis, comme ceux de Seine-et-Oise, entre les quatre régions environnant Paris.

Ces cinq bureaux sont :

Un bureau central situé à Paris, rue Saint-Dominique-Saint-Germain, n° 147, et dont relèvent les quatre bureaux-annexes ci-après :

1er bureau. . . Poste-caserne n° 5, pour le IIe Corps;

2e *idem* . . . Poste-caserne n° 8, pour le IIIe Corps;

3e *idem* . . . Poste-caserne n° 12, pour le IVe Corps ;

4e *idem* . . . Poste-caserne n° 1, pour le Ve Corps.

Les *trois* bureaux de recrutement de l'Algérie correspondent aux trois provinces et sont installés à Alger, Oran et Constantine.

BUREAUX DE RECRUTEMENT

ET CHEFS-LIEUX DE SUBDIVISIONS DE RÉGION

PAR ORDRE ALPHABÉTIQUE.

Bureaux de recrutement et chefs-lieux des subdivisions de région.	Numéros de la subdivision.	Numéros du corps d'armée.	Numéros du régiment territorial d'infanterie.	Départements qui concourent à la formation de la subdivision.	Circonscriptions de réserve maritime (A). Numéros.	Circonscriptions de réserve maritime (A). Chefs-lieux.
ABBEVILLE	6e	IIe	14e	*Somme**. Seine.	1re	Cherbourg.
AGEN	1re	XVIIe	129e	*Lot-et-Garonne.* Tarn-et-Garonne. Gers.	4e	Rochefort.
AIX[1].	3e	XVe	115e	*Bouches-du-Rhône.*	5e	Toulon.
AJACCIO.	4e	XVe	116e	*Corse.*	5e	Toulon.
ALBI	8e	XVIe	128e	*Tarn.*	5e	Toulon.
ALENÇON	7e	IVe	31e	*Orne.* Seine.	2e	Brest.
AMIENS	4e	IIe	12e	*Somme.* Seine-et-Oise. Seine.	1re	Cherbourg.
ANCENIS.	2e	XIe	82e	*Loire-Inférieure.*	3e	Lorient.
ANGERS	7e	IXe	71e	*Maine-et-Loire.*	3e	Lorient.
ANGOULÊME. . . .	6e	XIIe	91e	*Charente.*	4e	Rochefort.
ANNECY.	3e	XIVe	107e	*Haute-Savoie.*	5e	Toulon.
ANTIBES.	2e	XVe	114e	*Alpes-Maritimes.* Var.	5e	Toulon.
ARGENTAN.	8e	IVe	32e	*Orne.* Seine.	2e	Brest.
ARRAS.	5e	Ier	5e	*Pas-de-Calais.*	1re	Cherbourg.
AURILLAC	4e	XIIIe	100e	Haute-Loire. *Cantal.*	5e	Toulon.
AUTUN.	7e	VIIIe	63e	*Saône-et-Loire.*	5e	Toulon.
AUXERRE	5e	Ve	37e	*Yonne.*	3e	Lorient.
AUXONNE	1re	VIIIe	57e	*Côte-d'Or.* Saône-et-Loire.	5e	Toulon.
AVESNES	4e	Ier	4e	*Nord.*	1re	Cherbourg.
AVIGNON	6e	XVe	118e	*Vaucluse.*	5e	Toulon.
BAYONNE	6e	XVIIIe	142e	*Basses-Pyrénées.* Landes.	4e	Rochefort.

* Le département dans lequel se trouve le chef-lieu de la subdivision de région est imprimé en lettres italiques.

1. *Voir* Digne.

(A) Annexe no 3 de la circulaire du Ministre de la marine en date du 20 mai 1875.

BUREAUX de recrutement et chefs-lieux des subdivisions de région.	NUMÉROS de la subdivision.	du corps d'armée.	du régiment territorial d'infanterie.	DÉPARTEMENTS qui concourent à la formation de la subdivision.	CIRCONSCRIPTIONS de réserve maritime. Numéros.	Chefs-lieux.
BEAUVAIS	3e	IIe	11e	*Oise.* Seine-et-Oise. Seine.	1re	Cherbourg.
BELFORT	1re	VIIe	49e	*Haut-Rhin.* Haute-Saône. Doubs.	5e	Toulon.
BELLEY	8e	VIIe	56e	*Ain.*	5e	Toulon.
BERNAY	1re	IIIe	17e	*Eure.* Seine-et-Oise. Seine.	1re	Cherbourg.
BERGERAC	8e	XIIe	96e	*Dordogne.*	4e	Rochefort.
BESANÇON	6e	VIIe	54e	*Doubs.* Jura.	5e	Toulon.
BÉTHUNE	6e	Ier	6e	*Pas-de-Calais.*	1re	Cherbourg.
BÉZIERS	1re	XVIe	121e	*Hérault.*	5e	Toulon.
BLANC (LE)	2e	IXe	66e	*Indre.* Vienne. Indre-et-Loire.	3e	Lorient.
BLOIS	7e	Ve	39e	*Loir-et-Cher.*	3e	Lorient.
BORDEAUX	4e	XVIIIe	140e	*Gironde.*	4e	Rochefort.
BOURG	7e	VIIe	55e	*Ain.*	5e	Toulon.
BOURGES	6e	VIIIe	62e	*Cher.*	3e	Lorient.
BOURGOIN	2e	XIVe	106e	*Isère.*	5e	Toulon.
BREST	7e	XIe	87e	*Finistère.*	2e	Brest.
BRIEUC (SAINT-)	2e	Xe	74e	*Côtes-du-Nord.*	2e	Brest.
BRIVES	7e	XIIe	95e	Dordogne. Haute-Vienne. *Corrèze.*	4e	Rochefort.
CAEN	7e	IIIe	23e	*Calvados.* Seine.	1re	Cherbourg.
CAHORS	3e	XVIIe	131e	*Lot.* Lot-et-Garonne. Tarn-et-Garonne.	4e	Rochefort.
CAMBRAI	3e	Ier	3e	*Nord.*	1re	Cherbourg.
CARCASSONNE	7e	XVIe	127e	*Aude.* Tarn.	5e	Toulon.
CHALON-SUR-SAÔNE	8e	VIIIe	59e	*Saône-et-Loire.*	5e	Toulon.
CHALONS-sur-MARNE	8e	VIe	48e	*Marne.*	1re	Cherbourg.
CHAMBÉRY	4e	XIVe	108e	*Savoie.*	5e	Toulon.

BUREAUX de recrutement et chefs-lieux des subdivisions de région.	NUMÉROS de la subdivision.	du corps d'armée.	du régiment territorial d'infanterie.	DÉPARTEMENTS qui concourent à la formation de la subdivision.	CIRCONSCRIPTIONS de réserve maritime. Numéros.	Chefs-lieux.
CHARTRES	6e	IVe	30e	*Eure-et-Loir.* Seine-et-Oise. Seine.	2e	Brest.
CHATEAUROUX	1re	IXe	65e	*Indre.*	3e	Lorient.
CHATELLERAULT	5e	IXe	69e	*Vienne.* Indre-et-Loire.	3e	Lorient.
CHAUMONT	4e	VIIe	52e	*Haute-Marne.* Rhône.	1re	Cherbourg.
CHERBOURG	5e	Xe	77e	*Manche.*	1re	Cherbourg.
CHOLET	8e	IXe	72e	*Maine-et-Loire.*	3e	Lorient.
CLERMONT-FERRd	3e	XIIIe	99e	*Puy-de-Dôme.*	5e	Toulon.
COMPIÈGNE	5e	IIe	13e	*Oise.* Seine-et-Oise. Seine.	1re	Cherbourg.
COSNE	5e	VIIIe	61e	*Nièvre.* Cher.	3e	Lorient.
COULOMMIERS	4e	Ve	36e	*Seine-et-Marne.* Seine-et-Oise. Seine.	1re	Cherbourg.
DIGNE	3e	XVe	145e	*Basses-Alpes.* Annexe du bureau d'Aix, le bureau de Digne administre les hommes du département des Basses-Alpes.	5e	Toulon.
DIJON	2e	VIIIe	58e	*Côte-d'Or.*	5e	Toulon.
DREUX	5e	IVe	29e	*Eure-et-Loir.* Seine-et-Oise. Seine.	2e	Brest.
DUNKERQUE	8e	Ier	8e	*Nord.*	1re	Cherbourg.
ETIENNE (SAINT-)	6e	XIIIe	102e	*Loire.*	5e	Toulon.
ÉVREUX	2e	IIIe	18e	*Eure.* Seine-et-Oise. Seine.	1re	Cherbourg.
FALAISE	3e	IIIe	19e	*Calvados.* Seine.	1re	Cherbourg.
FOIX	6e	XVIIe	134e	Haute-Garonne. *Ariége.*	4e	Rochefort.
FONTAINEBLEAU	2e	Ve	34e	*Seine-et-Marne.* Seine-et-Oise. Seine.	1re	Cherbourg.
FONTENAY-le-COMTE	4e	XIe	84e	*Vendée.*	3e	Lorient.
GAP	8e	XIVe	112e	*Hautes-Alpes.* Rhône.	5e	Toulon.

BUREAUX de recrutement et chefs-lieux des subdivisions de région.	NUMÉROS de la subdivision.	NUMÉROS du corps d'armée.	NUMÉROS du régiment territorial d'infanterie.	DÉPARTEMENTS qui concourent à la formation de la subdivision.	CIRCONSCRIPTIONS de réserve maritime. Numéros.	CIRCONSCRIPTIONS de réserve maritime. Chefs-lieux.
GAUDENS (SAINT-)	8e	XVIIe	136e	*Haute-Garonne.* Ariége.	4e	Rochefort.
GRANVILLE	7e	Xe	79e	*Manche.*	1re	Cherbourg.
GRENOBLE	1re	XIVe	105e	*Isère.*	5e	Toulon.
GUÉRET	3e	XIIe	91e	*Creuse.*	4e	Rochefort.
GUINGAMP	1re	Xe	73e	*Côtes-du-Nord.*	2e	Brest.
HAVRE (LE)	8e	IIIe	24e	*Seine-Inférieure.* Seine.	1re	Cherbourg.
LANGRES	3e	VIIe	51e	*Haute-Marne.* Haute-Saône. Rhône.	5e	Toulon.
LAON	7e	IIe	15e	*Aisne.* Seine.	1re	Cherbourg.
LAVAL	1re	IVe	25e	*Mayenne.* Seine.	2e	Brest.
LIBOURNE	3e	XVIIIe	139e	*Gironde.*	4e	Rochefort.
LILLE	1re	Ier	1er	*Nord.*	1re	Cherbourg.
LIMOGES	1re	XIIe	89e	*Haute-Vienne.* Creuse. Dordogne.	4e	Rochefort.
LISIEUX	4e	IIIe	20e	*Calvados.* Seine.	1re	Cherbourg.
LÔ (SAINT-)	8e	Xe	80e	*Manche.*	1re	Cherbourg.
LONS-LE-SAULNIER	5e	VIIe	53e	*Jura.*	5e	Toulon.
LORIENT	8e	XIe	88e	*Morbihan.*	3e	Lorient.
LYON	»	»	»	Le bureau de Lyon administre seulement les hommes de la ville de Lyon et des 4 cantons suivants : Saint-Genis-Laval, Givors, Neuville, et Villeurbanne.	5e	Toulon.
MACON	4e	VIIIe	60e	*Saône-et-Loire.* Rhône.	5e	Toulon.
MAGNAC-LAVAL	2e	XIIe	90e	*Haute-Vienne.* Charente. Creuse.	4e	Rochefort.
MALO (SAINT-)	6e	Xe	78e	*Ille-et-Vilaine.* Côtes-du-Nord.	2e	Brest.
MAMERS	3e	IVe	27e	*Sarthe.* Seine.	2e	Brest.

BUREAUX de recrutement et chefs-lieux des subdivisions de région.	NUMÉROS de la subdivision.	NUMÉROS du corps d'armée.	NUMÉROS du régiment territorial d'infanterie.	DÉPARTEMENTS qui concourent à la formation de la subdivision.	CIRCONSCRIPTIONS de réserve maritime. Numéros.	CIRCONSCRIPTIONS de réserve maritime. Chefs-lieux.
Mans (Le).	4e	IVe	28e	*Sarthe.* Seine.	2e	Brest.
Marmande.	2e	XVIIe	130e	*Lot-et-Garonne.*	4e	Rochefort.
Mayenne	2e	IVe	26e	*Mayenne.* Seine.	2e	Brest.
Melun.	3e	Ve	35e	*Seine-et-Marne.* Seine-et-Oise. Seine.	1re	Cherbourg.
Mende.	3e	XVIe	123e	*Lozère.* Aveyron.	5e	Toulon.
Mézières	5e	VIe	45e	*Ardennes.* Meuse. Meurthe-et-Moselle.	1re	Cherbourg.
Mirande.	7e	XVIIe	135e	*Gers.*	4e	Rochefort.
Mont-de-Marsan	5e	XVIIIe	141e	*Landes.*	4e	Rochefort.
Montargis	6e	Ve	38e	*Loiret.* Yonne.	3e	Lorient.
Montauban.	4e	XVIIe	132e	Lot. *Tarn-et-Garonne.*	4e	Rochefort.
Montbrison.	7e	XIIIe	103e	*Loire.* Rhône.	5e	Toulon.
Montélimar	7e	XIVe	111e	*Drôme.* Rhône.	5e	Toulon.
Montluçon.	2e	XIIIe	98e	*Allier.*	5e	Toulon.
Montpellier	2e	XVIe	122e	*Hérault.* Aveyron.	5e	Toulon.
Nancy.	1re	VIe	41e	*Meurthe-et-Moselle.* Vosges.	1re	Cherbourg.
Nantes	1re	XIe	81e	*Loire-Inférieure.*	3e	Lorient.
Narbonne.	5e	XVIe	125e	*Aude.*	5e	Toulon.
Nîmes.	5e	XVe	117e	*Gard.*	5e	Toulon.
Neufchateau	3e	VIe	43e	*Vosges.*	1re	Cherbourg.
Nevers	8e	VIIIe	64e	*Nièvre.* Cher.	3e	Lorient.
Omer (Saint-)	7e	Ier	7e	*Pas-de-Calais.*	1re	Cherbourg.
Orléans.	8e	Ve	40e	*Loiret.*	3e	Lorient.
Paris.	»	»	»	Les bureaux de Paris administrent tous les hommes du département de la Seine.	1re	Cherbourg.
Parthenay	3e	IXe	67e	*Deux-Sèvres.*	4e	Rochefort.

BUREAUX de recrutement et chefs-lieux des subdivisions de région.	NUMÉROS de la subdivision.	du corps d'armée.	du régiment territorial d'infanterie.	DÉPARTEMENTS qui concourent à la formation de la subdivision.	CIRCONSCRIPTIONS de réserve maritime. Numéros.	Chefs-lieux.
PAU	7e	XVIIIe	143e	*Basses-Pyrénées.*	4e	Rochefort.
PÉRIGUEUX	5e	XIIe	93e	*Dordogne.* Charente.	4e	Rochefort.
PÉRONNE	8e	IIe	16e	*Somme.* Seine.	1re	Cherbourg.
PERPIGNAN	6e	XVIe	126e	*Pyrénées-Orientales.*	5e	Toulon.
POITIERS	4e	IXe	68e	*Vienne.* Deux-Sèvres.	4e	Rochefort.
PONT-St-ESPRIT	8e	XVe	120e	*Gard.* Ardèche.	5e	Toulon.
PRIVAS	7e	XVe	119e	*Ardèche.*	5e	Toulon.
PUY (LE)	5e	XIIIe	101e	*Haute-Loire.*	5e	Toulon.
QUENTIN (SAINT-)	2e	IIe	10e	*Aisne.*	1re	Cherbourg.
QUIMPER	6e	XIe	86e	*Finistère.*	2e	Brest.
REIMS	6e	VIe	46e	*Marne.* Ardennes.	1re	Cherbourg.
RENNES	3e	Xe	75e	*Ille-et-Vilaine.*	2e	Brest.
RIOM	1re	XIIIe	97e	*Puy-de-Dôme.*	5e	Toulon.
ROANNE	8e	XIIIe	104e	*Loire.* Allier.	5e	Toulon.
ROCHE-sur-YON (LA)	3e	XIe	83e	*Vendée.*	3e	Lorient.
ROCHELLE (LA)	2e	XVIIIe	138e	*Charente-Inférieure.*	4e	Rochefort.
RODEZ	4e	XVIe	124e	*Aveyron.*	5e	Toulon.
ROMANS	6e	XIVe	110e	*Drôme.* Rhône.	5e	Toulon.
ROUEN (NORD)	5e	IIIe	21e	*Seine-Inférieure.* Seine-et-Oise.	1re	Cherbourg.
ROUEN (SUD)	6e	IIIe	22e	*Seine-Inférieure.* Eure. Seine-et-Oise. Seine.	1re	Cherbourg.
SAINTES	1re	XVIIIe	137e	*Charente-Inférieure.*	4e	Rochefort.
SENS	1re	Ve	33e	*Yonne.* Seine-et-Oise. Seine.	3e	Lorient.
SOISSONS	1re	IIe	9e	*Aisne.* Seine-et-Oise. Seine.	1re	Cherbourg.
TARBES	8e	XVIIIe	144e	*Hautes-Pyrénées.*	4e	Rochefort.
TOUL	2e	VIe	42e	*Meurthe-et-Moselle.*	1re	Cherbourg.

BUREAUX de recrutement et chefs-lieux des subdivisions de région.	NUMÉROS de la subdivision.	NUMÉROS du corps d'armée.	NUMÉROS du régiment territorial d'infanterie.	DÉPARTEMENTS qui concourent à la formation de la subdivision.	CIRCONSCRIPTIONS de réserve maritime. Numéros.	CIRCONSCRIPTIONS de réserve maritime. Chefs-lieux.
TOULON	1re	XVe	113e	*Var.* Bouches-du-Rhône.	5e	Toulon.
TOULOUSE	5e	XVIIe	133e	*Haute-Garonne.*	4e	Rochefort.
TOURS	6e	IXe	70e	*Indre-et-Loire.* Maine-et-Loire.	3e	Lorient.
TROYES	7e	VIe	47e	*Aube.*	1re	Cherbourg.
TULLE	4e	XIIe	92e	*Corrèze.*	4e	Rochefort.
VALENCIENNES	2e	Ier	2e	*Nord.*	1re	Cherbourg.
VANNES	5e	XIe	85e	*Morbihan.*	3e	Lorient.
VERDUN	4e	VIe	44e	*Meuse.* Meurthe-et-Moselle.	1re	Cherbourg.
VERSAILLES	»	»	»	Le bureau de Versailles administre tous les hommes du département de Seine-et-Oise.	1re	Cherbourg.
VESOUL	2e	VIIe	50e	*Haute-Saône.*	5e	Toulon.
VIENNE	5e	XIVe	109e	*Isère.* Rhône.	5e	Toulon.
VITRÉ	4e	Xe	76e	*Ille-et-Vilaine.*	2e	Brest.

III

RÉPERTOIRE

PAR DÉPARTEMENT ET PAR ORDRE ALPHABÉTIQUE

DES CANTONS DE LA FRANCE

Tableaux indiquant :

1° *Pour le département :* La région dont il fait partie, la légion de gendarmerie dans la circonscription de laquelle il se trouve ; les subdivisions de région et les régiments territoriaux d'infanterie à la formation desquels il concourt.

2° *Pour le canton :* Le nombre de communes, la population cantonale, la subdivision à laquelle il appartient, le numéro du régiment d'infanterie de l'armée territoriale dont il fait partie et son arrondissement administratif.

TABLEAU DES DÉPARTEMENTS

AVEC INDICATION :

1° *De la région* dont ils font partie ;

2° *De la légion de gendarmerie* dans la circonscription de laquelle ils se trouvent.

DÉPARTEMENTS.	RÉGION.		LÉGION de gendarmerie.	
	Nos.	Chefs-lieux.	Nos.	Chefs-lieux.
AIN	VIIe	Besançon.	10e	Bourg.
AISNE	IIe	Amiens.	3e	Amiens.
ALLIER	XIIIe	Clermont.	18e	Clermont-Ferrand.
ALPES (BASSES-)	XVe	Marseille.	23e	Nice.
ALPES (HAUTES-)	XIVe	Grenoble.	21e	Chambéry.
ALPES-MARITIMES	XVe	Marseille.	23e	Nice.
ARDÈCHE	XVe	Marseille.	22e	Marseille.
ARDENNES	VIe	Châlons-sur-Marne.	7e	Châlons-sur-Marne.
ARIÈGE	XVIIe	Toulouse.	27e	Toulouse.
AUBE	VIe	Châlons-sur-Marne.	7e	Châlons-sur-Marne.
AUDE	XVIe	Montpellier.	26e	Perpignan.
AVEYRON	XVIe	Montpellier	25e	Montpellier.
BOUCHES-DU-RHÔNE	XVe	Marseille.	22e	Marseille.
CALVADOS	IIIe	Rouen.	4e	Rouen.
CANTAL	XIIIe	Clermont-Ferrand.	18e	Clermont-Ferrand.
CHARENTE	XIIe	Limoges.	16e	Limoges.
CHARENTE-INFÉRIEURE	XVIIIe	Bordeaux.	29e	Bordeaux.
CHER	VIIIe	Bourges.	11e	Bourges.
CORRÈZE	XIIe	Limoges.	17e	Périgueux.
CORSE	XVe	Marseille.	24e	Bastia.
CÔTE-D'OR	VIIIe	Bourges.	11e	Bourges.
CÔTES-DU-NORD	X	Rennes.	14e	Rennes.
CREUSE	XIIe	Limoges.	16e	Limoges.
DORDOGNE	XIIe	Limoges.	17e	Périgueux.
DOUBS	VIIe	Besançon.	9e	Besançon.
DRÔME	XIVe	Grenoble.	20e	Lyon.
EURE	IIIe	Rouen.	4e	Rouen.
EURE-ET-LOIR	IVe	Le Mans.	5e	Le Mans.
FINISTÈRE	XIe	Nantes.	15e	Nantes.
GARD	XVe	Marseille.	22e	Marseille.
GARONNE (HAUTE-)	XVIIe	Toulouse.	27e	Toulouse.
GERS	XVIIe	Toulouse.	27e	Toulouse.
GIRONDE	XVIIIe	Bordeaux.	29e	Bordeaux.
HÉRAULT	XVIe	Montpellier.	25e	Montpellier.
ILLE-ET-VILAINE	Xe	Rennes.	14e	Rennes.
INDRE	IXe	Tours.	12e	Tours.
INDRE-ET-LOIRE	IXe	Tours.	12e	Tours.
ISÈRE	XIVe	Grenoble.	20e	Lyon.

DÉPARTEMENTS.	RÉGION.		LÉGION de gendarmerie.	
	Nos.	Chefs-lieux.	Nos.	Chefs-lieux.
Jura	VIIe	Besançon.	10e	Bourg.
Landes	XVIIIe	Bordeaux.	29e	Bordeaux.
Loir-et-Cher	Ve	Orléans.	6e	Orléans.
Loire	XIIIe	Clermont-Ferrand.	19e	Saint-Étienne.
Loire (Haute-)	XIIIe	Clermont-Ferrand.	19e	Saint-Étienne.
Loire-Inférieure	XIe	Nantes.	15e	Nantes.
Loiret	Ve	Orléans.	6e	Orléans.
Lot	XVIIe	Toulouse.	28e	Agen.
Lot-et-Garonne	XVIIe	Toulouse.	28e	Agen.
Lozère	XVIe	Montpellier.	25e	Montpellier.
Maine-et-Loire	IXe	Tours.	12e	Tours.
Manche	Xe	Rennes.	14e	Rennes.
Marne	VIe	Châlons-sur-Marne.	7e	Châlons-sur-Marne.
Marne (Haute-)	VIIe	Besançon.	9e	Besançon.
Mayenne	IVe	Le Mans.	5e	Le Mans.
Meurthe-et-Moselle	VIe	Châlons-sur-Marne.	8e	Nancy.
Meuse	VIe	Châlons-sur-Marne.	8e	Nancy.
Morbihan	XIe	Nantes.	15e	Nantes.
Nièvre	VIIIe	Bourges.	11e	Bourges.
Nord	Ier	Lille.	2e	Lille.
Oise	IIe	Amiens.	3e	Amiens.
Orne	IVe	Le Mans.	5e	Le Mans.
Pas-de-Calais	Ier	Lille.	2e	Lille.
Puy-de-Dôme	XIIIe	Clermont-Ferrand.	18e	Clermont-Ferrand.
Pyrénées (Basses-)	XVIIIe	Bordeaux.	30e	Bayonne.
Pyrénées (Hautes-)	XVIIIe	Bordeaux.	30e	Bayonne.
Pyrénées-Orientales	XVIe	Montpellier.	26e	Perpignan.
Rhin (Haut-) [Belfort]	VIIe	Besançon.	9e	Besançon.
Rhône	»	Gouvt de Lyon.	20e	Lyon.
Saône (Haute-)	VIIe	Besançon.	9e	Besançon.
Saône-et-Loire	VIIIe	Bourges.	11e	Bourges.
Sarthe	IVe	Le Mans.	5e	Le Mans.
Savoie	XIVe	Grenoble.	21e	Chambéry.
Savoie (Haute-)	XIVe	Grenoble.	21e	Chambéry.
Seine	»	Gouvt de Paris.	1re	Paris.
Seine-Inférieure	IIIe	Rouen.	4e	Rouen.
Seine-et-Marne	Ve	Orléans.	6e	Orléans.
Seine-et-Oise	»	Gouvt de Paris.	1re	Paris.
Sèvres (Deux-)	IXe	Tours.	13e	Poitiers.
Somme	IIe	Amiens.	3e	Amiens.
Tarn	XVIe	Montpellier.	26e	Perpignan.
Tarn-et-Garonne	XVIIe	Toulouse.	28e	Agen.
Var	XVe	Marseille.	23e	Nice.
Vaucluse	XVe	Marseille.	22e	Marseille.
Vendée	XIe	Nantes.	15e	Nantes.
Vienne	IXe	Tours.	13e	Poitiers.
Vienne (Haute-)	XIIe	Limoges.	16e	Limoges.
Vosges	VIe	Châlons-sur-Marne.	8e	Nancy.
Yonne	Ve	Orléans.	6e	Orléans.

RÉPERTOIRE PAR ORDRE ALPHABÉTIQUE

ET PAR DÉPARTEMENT

DES CANTONS DE LA FRANCE.

AIN.

VIIe RÉGION. (Chef-lieu : BESANÇON.)

10e LÉGION DE GENDARMERIE. (Chef-lieu : BOURG.)

SUBDIVISIONS . . { 7e BOURG . . . . 55e régiment territorial d'infanterie.
{ 8e BELLEY . . . . 56e Idem.

CANTONS.	NOMBRE de communes.	POPULATION cantonale.	SUBDIVISIONS.	NUMÉRO du régiment territorial d'infanterie.	ARRONDISSEMENTS.
AMBÉRIEU	8	7,603	Belley.	56^e^	Belley.
BAGÉ-LE-CHATEL	11	12,335	Bourg.	55^e^	Bourg.
BELLEY	24	16,019	Belley.	56^e^	Belley.
BOURG	14	25,167	Bourg.	55^e^	Bourg.
BRENOD	11	6,274	Belley.	56^e^	Nantua.
CEYZÉRIAT	14	7,957	Bourg.	55^e^	Bourg.
CHALOMONT	8	5,580		56^e^	Trévoux.
CHAMPAGNE	18	7,418	Belley.	56^e^	Belley.
CHATILLON-DE-MICHAILLE	17	9,381		56^e^	Nantua.
CHATILLON-S-CHALARONNE	16	14,584	Bourg.	55^e^	Trévoux.
COLIGNY	9	9,680		55^e^	Bourg.
COLLONGES	11	7,818		56^e^	
FERNEY	9	8,135		56^e^	Gex.
GEX	11	5,011		56^e^	
HAUTEVILLE	9	4,760		56^e^	Belley.
IZERNORE	14	5,650	Belley.	56^e^	Nantua.
LAGNIEU	14	12,049		56^e^	Belley.
LHUIS	12	7,620		56^e^	
MEXIMIEUX	13	9,106		56^e^	Trévoux.
MONTLUEL	16	13,906		56^e^	
MONTREVEL	13	14,524	Bourg.	55^e^	Bourg.
NANTUA	12	9,080		56^e^	
OYONNAX	11	9,162	Belley.	56^e^	Nantua.
PONCIN	8	9,867		56^e^	
PONT-D'AIN	11	10,193		56^e^	
PONT-DE-VAUX	12	12,440	Bourg.	55^e^	Bourg.
PONT-DE-VEYLE	12	9,989		55^e^	
RAMBERT (SAINT-)	12	9,639	Belley.	56^e^	Belley.
SEYSSEL	5	5,724		56^e^	
THOISSEY	13	12,494		55^e^	Trévoux.
TREFFORT	12	8,882		55^e^	Bourg.
TRÉVOUX	22	21,094	Bourg.	55^e^	Trévoux.
TRIVIER-DE-COURTES (St-)	12	11,580		55^e^	Bourg.
TRIVIER-S-MOIGNANS (St-)	15	9,897		55^e^	Trévoux.
VILLARS	9	5,156		55^e^	
VIRIEU-LE-GRAND	14	7,516	Belley.	56^e^	Belley.
36	452	363,290			5

AISNE.

IIe RÉGION.
(Chef-lieu : AMIENS.)

3e LÉGION DE GENDARMERIE.
(Chef-lieu : AMIENS.)

SUBDIVISIONS . . 1re SOISSONS. . . . . . . 9e régiment territorial d'infanterie.
2e SAINT-QUENTIN. . . . 10e Idem.
7e LAON . . . . 15e Idem.

CANTONS.	NOMBRE de communes.	POPULATION cantonale.	SUBDIVISIONS.	NUMÉRO du régiment territorial d'infanterie.	ARRONDISSEMENTS.
ANIZY-LE-CHATEAU	22	9,105	Laon.	15e	Laon.
AUBENTON	13	10,036	Saint-Quentin.	10e	Vervins.
BOHAIN	14	24,793		10e	Saint-Quentin.
BRAISNE	42	12,120	Soissons.	9e	Soissons.
CAPELLE (LA)	18	14,940	Saint-Quentin.	10e	Vervins.
CATELET (LE)	18	18,234		10e	Saint-Quentin.
CHARLY	19	11,502	Soissons.	9e	Château-Thierry.
CHATEAU-THIERRY	21	15,599		9e	
CHAUNY	20	22,162	Laon.	15e	Laon.
CONDÉ	27	10,434	Soissons.	9e	Château-Thierry.
COUCY-LE-CHATEAU	33	17,112	Laon.	15e	Laon.
CRAONNE	40	11,230		15e	
CRÉCY-SUR-SERRE	20	12,153		15e	
FÈRE (LA)	27	21,970		15e	
FÈRE-EN-TARDENOIS	23	10,638	Soissons.	9e	Château-Thierry.
GUISE	21	20,309	Saint-Quentin.	10e	Vervins.
HIRSON	13	16,447		10e	
LAON	27	20,438	Laon.	15e	Laon.
MARLE	23	12,865		15e	
MOY	19	12,843	Saint-Quentin.	10e	Saint-Quentin.
NEUILLY-SAINT-FRONT	34	10,955	Soissons.	9e	Château-Thierry.
NEUFCHATEL	28	9,689	Laon.	15e	Laon.
NOUVION (LE)	10	10,410	Saint-Quentin.	10e	Vervins.
OULCHY-LE-CHATEAU	29	7,457	Soissons.	9e	Soissons.
QUENTIN (SAINT-)	14	42,089	Saint-Quentin.	10e	Saint-Quentin.
RIBEMONT	15	16,051		10e	
ROZOY-SUR-SERRE	28	14,971	Laon.	15e	Laon.
SAINS	19	12,869	Saint-Quentin.	10e	Vervins.
SAINT-SIMON	23	14,959		10e	Saint-Quentin.
SISSONNE	20	12,587	Laon.	15e	Laon.
SOISSONS	20	19,019	Soissons.	9e	Soissons.
VAILLY	27	9,930		9e	
VERMAND	24	13,742	Saint-Quentin.	10e	Saint-Quentin.
VERVINS	24	16,057		10e	Vervins.
VIC-SUR-AISNE	27	10,971	Soissons.	9e	Soissons.
VILLERS-COTTERETS	21	9,526		9e	
WASSIGNY	14	16,197	Saint-Quentin.	10e	Vervins.
37	837	552,439			5

ALLIER.

XIIIe RÉGION.
(Chef-lieu : Clermont-Ferrand.)

18e LÉGION DE GENDARMERIE.
(Chef-lieu : Clermont-Ferrand.)

SUBDIVISIONS . . { 2e Montluçon. . . . . . 98e régiment territorial d'infanterie.
{ 8e Roanne. . . . . 104e Idem.

CANTONS.	NOMBRE de communes.	POPULATION cantonale.	SUBDIVISIONS.	NUMÉRO du régiment territorial d'infanterie.	ARRONDISSEMENTS.
Bourbon-l'Archambault	8	13,861	Montluçon.	98[e]	Moulins.
Cérilly	12	13,737	Montluçon.	98[e]	Montluçon.
Chantelle	15	13,240	Montluçon.	98[e]	Gannat.
Chevagnes	10	10,083	Montluçon.	98[e]	Moulins.
Commentry	4	14,076	Montluçon.	98[e]	Montluçon.
Cusset	12	21,691	Roanne.	104[e]	La Palisse.
Dompierre	9	11,233	Montluçon.	98[e]	Moulins.
Donjon (Le)	13	11,291	Roanne.	104[e]	La Palisse.
Ébreuil	14	12,861	Montluçon.	98[e]	Gannat.
Escurolles	13	12,808	Montluçon.	98[e]	Gannat.
Gannat	12	14,020	Montluçon.	98[e]	Gannat.
Hérisson	18	13,638	Montluçon.	98[e]	Montluçon.
Huriel	14	13,924	Montluçon.	98[e]	Montluçon.
Jaligny	12	10,499	Roanne	104[e]	La Palisse.
Lurcy-Lévy	9	12,137	Montluçon.	98[e]	Moulins.
Marcillat	13	11,736	Montluçon.	98[e]	Montluçon.
Mayet-de-Montagne	9	13,631	Roanne.	104[e]	La Palisse.
Montet (Le)	13	12,099	Montluçon.	98[e]	Moulins.
Montluçon. Est	9	20,590	Montluçon.	98[e]	Montluçon.
Montluçon. Ouest	8	16,900	Montluçon.	98[e]	Montluçon.
Montmarault	15	18,767	Montluçon.	98[e]	Montluçon.
Moulins. Est	6	18,448	Montluçon.	98[e]	Moulins.
Moulins. Ouest	9	15,520	Montluçon.	98[e]	Moulins.
Neuilly-le-Réal	10	8,563	Montluçon.	98[e]	Moulins.
Palisse (La)	15	16,672	Roanne.	104[e]	La Palisse.
Pourçain (Saint-)	12	13,209	Montluçon.	98[e]	Gannat.
Souvigny	11	11,927	Montluçon.	98[e]	Moulins.
Varennes-sur-Allier	14	13,656	Roanne.	104[e]	La Palisse.
28	317	390,812			4

BASSES-ALPES.

XVe RÉGION.
(Chef-lieu : MARSEILLE.)

23e LÉGION DE GENDARMERIE.
(Chef-lieu : NICE.)

SUBDIVISION : 3e AIX. . . . . 145e régiment territorial d'infanterie.

NOTA. — Un bureau de recrutement, dépendant du bureau subdivisionnaire d'Aix, est établi à Digne pour l'administration des hommes du département des Basses-Alpes.
A Digne se trouve aussi le personnel administratif du 145e régiment d'infanterie de l'armée territoriale.

CANTONS.	NOMBRE de communes.	POPULATION cantonale.	BUREAUX de recrutement et de l'armée territoriale.	SUBDIVISION.	NUMÉRO du régiment territorial d'infanterie.	ARRONDISSEMENTS.
ALLOS.	1	1,202				Barcelonnette.
ANDRÉ-DE-MÉOUILLES (St-).	9	2,680				Castellane.
ANNOT	7	4,140				Id.
BANON	11	5,804				Forcalquier.
BARCELONNETTE	9	6,959				Barcelonnette.
BARRÊME	8	3,232				Digne.
CASTELLANE.	14	4,883				Castellane.
COLMARS	5	3,574				Id.
DIGNE.	19	11,083				Digne.
ENTREVAUX	9	3,177				Castellane.
ÉTIENNE (SAINT-)	8	3,436				Forcalquier.
FORCALQUIER	10	8,818				Id.
JAVIE (LA)	10	2,745				Digne.
LAUZET (LE)	7	4,482				Barcelonnette.
MANOSQUE.	6	9,489				Forcalquier.
MÉES (LES)	8	6,652	Digne.	Aix.	145[e]	Digne.
MÉZEL	11	3,143				Id.
MOTTE (LA)	13	4,361				Sisteron.
MOUSTIERS-SAINTE-MARIE .	5	2,810				Digne.
NOYERS-SUR-JABRON. . . .	7	3,386				Sisteron.
PAUL (SAINT-).	3	2,679				Barcelonnette.
PEYRUIS	5	2,253				Forcalquier.
REILLANNE	10	4,669				Id.
RIEZ	11	7,387				Digne.
SENEZ.	4	1,767				Castellane.
SEYNE.	8	4,773				Digne.
SISTERON	8	7,185				Sisteron
TURRIERS	11	3,020				Id.
VALENSOLE	4	5,431				Digne.
VOLONNE	10	4,562				Sisteron.
30	251	139,332				5

HAUTES-ALPES.

XIVe RÉGION.
(Chef-lieu : GRENOBLE.)

21e LÉGION DE GENDARMERIE.
(Chef-lieu : CHAMBÉRY.)

SUBDIVISION : 8e GAP. . . . . 112e régiment territorial d'infanterie.

CANTONS.	NOMBRE de communes.	POPULATION cantonale.	SUBDIVISION.	NUMÉRO du régiment territorial d'infanterie.	ARRONDISSEMENTS.
AIGUILLES	7	5,619	Gap.	112e	Briançon.
ARGENTIÈRE (L')	7	6,340			Id.
ASPRES-LES-VEYNES	9	3,776			Gap.
BARCILONNETTE	3	825			Id.
BATIE-NEUVE (LA)	8	3,236			Id.
BONNET (SAINT-)	20	11,269			Id.
BRIANÇON	8	8,578			Briançon.
CHORGES	8	4,465			Embrun.
EMBRUN	8	10,001			Id.
ÉTIENNE-EN-DÉVOLUY (St-)	4	1,908			Gap.
FIRMIN (SAINT-)	9	5,041			Id.
GAP	8	11,947			Id.
GRAVE (LA)	2	1,716			Briançon.
GUILLESTRE	11	8,583			Embrun.
LARAGNE	8	3,675			Gap.
MONÊTIER (LE)	3	4,841			Briançon.
ORCIÈRES	3	2,765			Embrun.
ORPIERRE	8	2,262			Gap.
RIBIERS	9	3,208			Id.
ROSANS	9	3,170			Id.
SAVINES	6	3,094			Embrun.
SERRES	12	4,695			Gap.
TALLARD	9	4,289			Id.
VEYNES	10	3,595			Id.
24	189	118,898			3

ALPES-MARITIMES.

XVe RÉGION. (Chef-lieu : Marseille.)

23e LÉGION DE GENDARMERIE. (Chef-lieu : Nice.)

SUBDIVISION : 2e Antibes. . . . . . 114e régiment territorial d'infanterie.

CANTONS.	NOMBRE de communes.	POPULATION cantonale.	SUBDIVISION.	NUMÉRO du régiment territorial d'infanterie.	ARRONDISSEMENTS.
Antibes.	3	11,471			Grasse.
Auban (Saint-)	13	3,931			Id.
Bar (Le)	10	6,492			Id.
Breil.	8	5,481			Nice.
Cannes	6	15,252			Grasse.
Contes	5	4,841			Nice.
Coursegoules	8	2,856			Grasse.
Escarène (L')	5	5,369			Nice.
Étienne (Saint-)	8	3,802			Puget-Théniers.
Grasse	8	13,710			Grasse.
Guillaumes.	9	4,642			Puget-Théniers.
Levens	7	5,785			Nice.
Martin-Lantosque (St-). .	5	5,962	Antibes.	114^e	Id.
Menton.	5	9,244			Id.
Nice. . Est.	1	29,432			Id.
Nice. . Ouest.	4	25,448			Id.
Puget-Théniers	8	3,507			Puget-Théniers.
Roquestéron.	10	3,617			Id.
Sauveur (Saint-).	8	4,061			Id.
Sospel	3	4,943			Nice.
Utelle.	2	4,035			Id.
Vallier (Saint-)	6	4,147			Grasse.
Vence	11	12,418			Id.
Villars	10	3,771			Puget-Théniers.
Villefranche	3	4,820			Nice.
25	150	199,037			3

ARDÈCHE.

XVe RÉGION.
(Chef-lieu : MARSEILLE.)

22e LÉGION DE GENDARMERIE.
(Chef-lieu : MARSEILLE.)

SUBDIVISIONS . . { 7e PRIVAS . . . . 119e régiment territorial d'infanterie.
{ 8e PONT-SAINT-ESPRIT. . 120e idem.

CANTONS.	NOMBRE de communes.	POPULATION cantonale.	SUBDIVISIONS.	NUMÉRO du régiment territorial d'infanterie.	ARRONDISSEMENTS.
AGRÈVE (SAINT-)	8	10,451	Privas.	119e	Tournon.
ANNONAY	14	28,656		119e	
ANTRAIGUES	11	10,195		119e	Privas.
AUBENAS	17	22,512		119e	
BOURG-SAINT-ANDÉOL . . .	9	12,533	Pont-Saint-Esprit.	120e	
BURZET.	5	5,550		120e	Largentière.
CHEYLARD (LE)	13	13,210	Privas.	119e	Tournon.
CHOMÉRAC.	8	9,646		119e	Privas.
COUCOURON	6	5,951	Pont-Saint-Esprit.	120e	Largentière.
ÉTIENNE-DE-LUGDARÈS (St-)	8	4,664		120e	
FÉLICIEN (SAINT-).	9	10,873	Privas.	119e	Tournon.
JOYEUSE	17	17,294	Pont-Saint-Esprit.	120e	Largentière.
LAMASTRE.	9	15,778	Privas.	119e	Tournon.
LARGENTIÈRE	14	13,585	Pont-Saint-Esprit.	120e	Largentière.
MARTIN-DE-VALAMAS (St-) .	10	11,450	Privas.	119e	Tournon.
MONTPEZAT	7	9,521	Pont-Saint-Esprit.	120e	Largentière.
PERAY (SAINT-)	10	10,068	Privas.	119e	Tournon.
PIERREVILLE (SAINT-). . .	7	10,412		119e	Privas.
PRIVAS	15	19,861		119e	
ROCHEMAURE	8	6,111		119e	
SATILLIEU.	10	10,914		119e	Tournon.
SERRIÈRES	17	10,112		119e	
THUEYTS	10	15,187	Pont-Saint-Esprit.	120e	Largentière.
TOURNON	16	17,319	Privas.	119e	Tournon.
VALGORGE	7	5,545	Pont-Saint-Esprit.	120e	Largentière.
VALLON.	11	10,121		120e	
VANS (LES)	21	18,206		120e	
VERNOUX	9	10,680	Privas.	119e	Tournon.
VILLENEUVE-DE-BERG . . .	17	12,498	Pont-Saint-Esprit.	120e	Privas.
VIVIERS.	6	9,143		120e	
VOULTE (LA)	10	12,141	Privas.	119e	
31	339	380,277			3

ARDENNES.

VIe RÉGION, (Chef-lieu : CHALONS-SUR-MARNE.)

7e LÉGION DE GENDARMERIE. (Chef-lieu : CHALONS-SUR-MARNE.)

SUBDIVISIONS . . { 5e MÉZIÈRES. . . . . 45e régiment territorial d'infanterie.
{ 6e REIMS . . . . 46e idem.

CANTONS.	NOMBRE de communes.	POPULATION cantonale.	SUBDIVISIONS.	NUMÉRO du régiment territorial d'infanterie.	ARRONDISSEMENTS.
ASFELD	19	8,615	Reims.	46^e^	Rethel.
ATTIGNY	12	6,858	Reims.	46^e^	Vouziers.
BUSANCY	22	7,755	Reims.	46^e^	Vouziers.
CARIGNAN	26	13,501	Mézières.	45^e^	Sedan.
CHATEAU-PORCIEN	16	8,808	Reims.	46^e^	Rethel.
CHARLEVILLE	11	25,897	Mézières.	45^e^	Mézières.
CHAUMONT-PORCIEN	20	8,470	Reims.	46^e^	Rethel.
CHESNE (LE)	18	7,366	Reims.	46^e^	Vouziers.
FLIZES	22	8,116	Mézières.	45^e^	Mézières.
FUMAY	7	12,387	Mézières.	45^e^	Rocroi.
GIVET	12	10,725	Mézières.	45^e^	Rocroi.
GRANDPRÉ	19	8,806	Reims.	46^e^	Vouziers.
GUNIVILLE	13	7,287	Reims.	46^e^	Rethel.
MACHAULT	14	4,606	Reims.	46^e^	Vouziers.
MÉZIÈRES	21	14,877	Mézières.	45^e^	Mézières.
MONTHERMÉ	11	12,805	Mézières.	45^e^	Mézières.
MONTHOIS	18	6,134	Reims.	46^e^	Vouziers.
MOUZON	14	9,028	Mézières.	45^e^	Sedan.
NOVION-PORCIEN	24	12,972	Reims.	46^e^	Rethel.
OMONT	14	5,877	Mézières.	45^e^	Mézières.
RAUCOURT	13	7,091	Mézières.	45^e^	Sedan.
RENWEZ	15	8,871	Mézières.	45^e^	Mezières.
RETHEL	19	15,148	Reims.	46^e^	Rethel.
ROCROI	14	10,898	Mézières.	45^e^	Rocroi.
RUMIGNY	28	9,800	Mézières.	45^e^	Rocroi.
SEDAN. . { Nord	11	16,746	Mézières.	45^e^	Sedan.
SEDAN. . { Sud	19	22,939	Mézières.	45^e^	Sedan.
SIGNY-L'ABBAYE	12	8,157	Mézières.	45^e^	Mézières.
SIGNY-LE-PETIT	10	6,766	Mézières.	45^e^	Rocroi.
TOURTERON	10	4,524	Reims.	46^e^	Vouziers.
VOUZIERS	18	9,857	Reims.	46^e^	Vouziers.
31	501	320,217			5

ARIÉGE.

XVIIe RÉGION.
(Chef-lieu : Toulouse.)

27e LÉGION DE GENDARMERIE.
(Chef-lieu : Toulouse.)

SUBDIVISIONS. . . { 6e Foix. . . . . 134e régiment territorial d'infanterie.
8e Saint-Gaudens. . . . 136e idem.

CANTONS.	NOMBRE de communes.	POPULATION cantonale.	SUBDIVISIONS.	NUMÉRO du régiment territorial d'infanterie.	ARRONDISSEMENTS.
Ax	14	6,419	Foix.	134e	Foix.
Bastide-de-Sérou (La). . .	12	7,894		134e	
Cabannes (Les).	25	6,061		134e	
Castillon	26	16,809	Saint-Gaudens.	136e	Saint-Girons.
Croix (Sainte-).	11	7,145		136e	
Foix	26	22,622	Foix.	134e	Foix.
Fossat (Le)	11	11,978		134e	Pamiers.
Girons (Saint-).	14	18,975	Saint-Gaudens.	136e	Saint-Girons.
Lavelanet.	22	15,999	Foix.	134e	Foix.
Lizier (Saint-)	16	11,543	Saint-Gaudens.	136e	Saint-Girons.
Mas-d'Azil (Le).	14	10,361	Foix.	134e	Pamiers.
Massat.	6	14,838		134e	Saint-Girons.
Mirepoix	37	16,965		134e	Pamiers.
Oust	10	15,660	Saint-Gaudens.	136e	Saint-Girons.
Pamiers	21	17,349	Foix.	134e	Pamiers.
Quérigut.	7	2,721		134e	Foix.
Saverdun.	14	12,913		134e	Pamiers.
Tarascon.	22	14,141		134e	Foix.
Varilhes	17	8,126		134e	Pamiers.
Vicdessos.	11	7,779		134e	Foix.
20	336	246,298			3

AUBE.

VIe RÉGION.
(Chef-lieu : CHALONS-SUR-MARNE.)

7e LÉGION DE GENDARMERIE.
(Chef-lieu : CHALONS-SUR-MARNE.)

SUBDIVISION : 7e TROYES . . . . 47e régiment territorial d'infanterie.

CANTONS.	NOMBRE de communes.	POPULATION cantonale.	SUBDIVISION.	NUMÉRO du régiment territorial d'infanterie.	ARRONDISSEMENTS.
AIX-EN-OTHE	10	9,539			Troyes.
ARCIS-SUR-AUBE.	22	9,694			Arcis-sur-Aube.
BAR-SUR-AUBE	23	16,756			Bar-sur-Aube.
BAR-SUR-SEINE	22	11,060			Bar-sur-Seine.
BOUILLY	29	7,851			Troyes.
BRIENNE	25	9,657			Bar-sur-Aube.
CHAVANGES	17	4,699			Arcis-sur-Aube.
CHAOURCE.	26	10,994			Bar-sur-Seine.
ESSOYES.	21	11,582			Id.
ESTISSAC	10	7,120			Troyes.
ERVY	15	9,705			Id.
LUSIGNY	14	6,463			Id.
MARCILLY-LE-HAYER . . .	22	8,862	Troyes.	47[e]	Nogent-sur-Seine.
MÉRY-SUR-SEINE	26	11,733			Arcis-sur-Aube.
MUSSY-SUR-SEINE	8	6,939			Bar-sur-Seine.
NOGENT-SUR-SEINE	16	10,300			Nogent-sur-Seine.
PINEY.	18	5,797			Troyes.
RAMERUPT.	28	7,331			Arcis-sur-Aube.
RICEYS (LES)	8	6,228			Bar-sur-Seine.
ROMILLY-SUR-SEINE	15	11,910			Nogent-sur-Seine.
SOULAINES.	21	5,883			Bar-sur-Aube.
TROYES . 1er canton . . .	11	14,782			Troyes.
TROYES . 2e canton. . . .	13	20,629			Id.
TROYES . 3e canton. . . .	7	16,963			Id.
VANDEUVRE	19	8,347			Bar-sur-Aube.
VILLENAUXE.	7	4,864			Nogent-sur-Seine.
26	446	255,687			5

AUDE.

XVIe RÉGION.
(Chef-lieu : MONTPELLIER.)

26e LÉGION DE GENDARMERIE.
(Chef-lieu : PERPIGNAN.)

SUBDIVISIONS . . { 5e NARBONNE . . . . . . 125e régiment territorial d'infanterie.
{ 7e CARCASSONNE. . . . . 127e idem.

CANTONS.		NOMBRE de communes.	POPULATION cantonale.	SUBDIVISIONS.	NUMÉRO du régiment territorial d'infanterie.	ARRONDISSEMENTS.
ALAIGNE		27	7,311	Narbonne.	125e	Limoux.
ALZONNE		11	7,340	Carcassonne.	127e	Carcassonne.
AXAT		14	6,280	Narbonne.	125e	Limoux.
BELCAIRE		17	8,046		125e	
BELPECH		12	5,856	Carcassonne.	127e	Castelnaudary.
CAPENDU		17	6,990	Narbonne.	125e	Carcassonne.
CARCASSONNE . .	Est. . .	7	6,548		127e	
	Ouest. .	2	20,216	Carcassonne.		
CASTELNAUDARY.	Nord. .	20	14,161		127e	Castelnaudary.
	Sud. . .	13	14,547			
CHALABRE.		16	9,055		125e	Limoux.
CONQUES		10	5,541		125e	Carcassonne.
COUIZA		22	7,046	Narbonne.	125e	Limoux.
COURSAN		7	10,776		125e	Narbonne.
DURBAN.		12	4,801		125e	
FANJEAUX.		16	8,535	Carcassonne.	127e	Castelnaudary.
GINESTAS		15	11,884		125e	Narbonne.
GRASSE (LA)		18	5,418		125e	Carcassonne.
HILAIRE (SAINT-)		15	4,238	Narbonne.	125e	Limoux.
LÉSIGNAN		17	14,192		125e	Narbonne.
LIMOUX		22	12,929		125e	Limoux.
MAS-CABARDÈS (LE)		16	6,255		125e	
MONTRÉAL.		9	5,970	Carcassonne.	127e	Carcassonne.
MOUTHOUMET		18	4,837		125e	
NARBONNE.		9	23,669	Narbonne.	125e	Narbonne.
PEYRIAC-MINERVOIS		18	16,094		125e	Carcassonne.
QUILLAN		18	10,650		125e	Limoux.
SAISSAC.		7	4,701	Carcassonne.	127e	Carcassonne.
SALLES-SUR-L'HERS		14	5,037		127e	Castelnaudary.
SIJEAN		11	13,340	Narbonne.	125e	Narbonne.
TUCHAN.		8	3,661		125e	Carcassonne.
31		436	285,927			4

AVEYRON.

XVIe RÉGION. (Chef-lieu : MONTPELLIER.)

25e LÉGION DE GENDARMERIE. (Chef-lieu : MONTPELLIER.)

SUBDIVISIONS . . { 2e MONTPELLIER . . . . 122e régiment territorial d'infanterie.
3e MENDE . . . . 123e idem.
4e RODEZ . . . . 124e idem.

CANTONS.	NOMBRE de communes.	POPULATION cantonale.	SUBDIVISIONS.	NUMÉRO du régiment territorial d'infanterie.	ARRONDISSEMENTS.
AFFRIQUE (SAINT-)	9	14,487	Montpellier.	122[e]	Saint-Affrique.
AMANS (SAINT-)	6	6,393		124[e]	Espalion.
ASPRIÈRES	10	11,293	Rodez.	124[e]	Villefranche.
AUBIN	10	31,980		124[e]	
BEAUZELY (SAINT-)	5	5,934	Mende.	123[e]	Millau.
BELMONT	6	6,473	Montpellier.	122[e]	Saint-Affrique.
BOZOULS	5	6,828	Rodez.	124[e]	Rodez.
CAMARÈS	12	9,387	Montpellier.	122[e]	Saint-Affrique.
CAMPAGNAC	5	5,215	Mende.	123[e]	Millau.
CASSAGNES-BÉGONHÈS . . .	8	8,867		124[e]	Rodez.
CHÉLY (SAINT-)	2	2,890	Rodez.	124[e]	Espalion.
CONQUES	6	7,531		124[e]	Rodez.
CORNUS	8	7,020	Montpellier.	122[e]	Saint-Affrique.
ENTRAYGUES	5	7,140		124[e]	
ESPALION	7	11,211		124[e]	
ESTAING	6	8,007		124[e]	
GENEVIÈVE (SAINTE-) . . .	6	5,957	Rodez.	124[e]	Espalion.
GÉNIEZ (SAINT-)	6	8,860		124[e]	
LAGUIOLE	5	5,849		124[e]	
LAISSAC	8	6,964	Mende.	123[e]	Millau.
MARCILLAC	9	12,976	Rodez.	124[e]	Rodez.
MILLAU	7	19,676	Mende.	123[e]	Millau.
MONTBAZENS	11	13,003		124[e]	Villefranche.
MUR-DE-BARREZ	5	7,545	Rodez.	124[e]	Espalion.
NAJAC	8	11,821		124[e]	Villefranche.
NANT	6	9,100	Mende.	123[e]	Millau.
NAUCELLE	7	9,432	Rodez.	124[e]	Rodez.
PEYRELEAU	7	4,571	Mende.	123[e]	Millau.
PONT-DE-SALARS	8	6,890		124[e]	Rodez.
RÉQUISTA	5	10,091		124[e]	
RIEUPEYROUX	6	10,165	Rodez.	124[e]	Villefranche.
RIGNAC	8	10,265		124[e]	Rodez.
RODEZ	9	20,261		124[e]	
ROME-DE-TARN (SAINT-) . .	7	9,086	Montpellier.	122[e]	Saint-Affrique.
SALLES-CURAN	3	4,421	Mende.	123[e]	Millau.
SALVETAT (LA)	4	6,353	Rodez.	124[e]	Rodez.
SAUVETERRE	7	9,391		124[e]	
SERNIN (SAINT-)	12	12,913	Montpellier.	122[e]	Saint-Affrique.
SÉVÉRAC-LE-CHATEAU . . .	5	6,100	Mende.	123[e]	Millau.
VEZINS	4	4,531		123[e]	
VILLEFRANCHE-DE-ROUERG.	7	16,297	Rodez.	124[e]	Villefranche.
VILLENEUVE	9	9,297		124[e]	
42	289	402,474			5

BOUCHES-DU-RHONE.

XVe RÉGION. (Chef-lieu : Marseille.)

22e LÉGION DE GENDARMERIE. (Chef-lieu : Marseille.)

SUBDIVISIONS
- 1re Toulon . . . . 113e régiment territorial d'infanterie.
- 3e Aix . . . . 115e idem.
- » Digne (annexe d'Aix). 145e idem.

CANTONS.	NOMBRE de communes.	POPULATION cantonale.	SUBDIVISIONS.	NUMÉRO du régiment territorial d'infanterie.	ARRONDISSEMENTS.
Aix . . Nord	5	18,680	Aix (1).	145e	Aix.
Aix . . Sud	3	14,435	Aix (1).	145e	Aix.
Arles Est	2	17,418	Aix.	115e	Arles.
Arles Ouest	1	9,843	Aix.	115e	Arles.
Aubagne	4	11,376	Toulon.	113e	Marseille.
Berre	6	7,575	Aix (1).	145e	Aix.
Ciotat (La)	4	12,881	Toulon.	113e	Marseille.
Chateaurenard	6	16,496	Aix.	115e	Arles.
Eyguières	6	8,090	Aix.	115e	Arles.
Gardanne	7	9,921	Aix (1).	145e	Aix.
Istres	4	8,705	Aix.	115e	Aix.
Lambesc	6	8,818	Aix (1).	145e	Aix.
Marseille (Centre intra, 3e canton)	1	42,149	Aix.	115e	Marseille.
Marseille (Centre extra, 6e canton)	1	15,302	Toulon.	113e	Marseille.
Marseille (Nord intra, 1er canton)	1	46,843	Aix.	115e	Marseille.
Marseille (Nord extra, 4e canton)	1	81,413	Aix (1).	145e	Marseille.
Marseille (Sud intra, 2e canton)	1	69,416	Aix.	115e	Marseille.
Marseille (Sud extra, 5e canton)	1	60,999	Toulon.	113e	Marseille.
Martigues	7	15,253	Aix.	115e	Aix.
Orgon	7	10,380	Aix.	115e	Arles.
Peyrolles	5	5,981	Aix (1).	145e	Aix.
Remy (Saint-)	6	12,443	Aix.	115e	Arles.
Roquevaire	7	12,087	Toulon.	113e	Marseille.
Saintes-Maries (Les) . . .	1	951	Aix.	115e	Arles.
Salon	8	15,236	Aix (1).	145e	Aix.
Tarascon	4	12,786	Aix.	115e	Arles.
Trets	8	9,434	Aix (1).	145e	Aix.
27	108	554,911			3

(1) Les hommes de l'armée territoriale de ces cantons font partie du 145e (régiment de Digne), mais les bataillons (2e et 3e) auxquels ces hommes sont affectés se mobilisent à Aix.

CALVADOS.

IIIe RÉGION. (Chef-lieu : ROUEN.)

4e LÉGION DE GENDARMERIE. (Chef-lieu : ROUEN.)

SUBDIVISIONS . .
- 3e FALAISE . . . . 19e régiment territorial d'infanterie.
- 4e LISIEUX. . . . . 20e idem.
- 7e CAEN . . . . 23e idem.

CANTONS.	NOMBRE de communes.	POPULATION cantonale.	SUBDIVISIONS.	NUMÉRO du régiment territorial d'infanterie.	ARRONDISSEMENTS.
AUNAY	19	10,951	Falaise.	19e	Vire.
BALLEROY	24	14,456	Caen.	23e	Bayeux.
BAYEUX	16	13,066	Caen.	23e	Bayeux.
BÉNY-BOCAGE	21	11,748	Falaise.	19e	Vire.
BLANGY	15	6,963	Lisieux.	20e	Pont-l'Évêque.
BOURGUÉBUS	24	8,302	Caen.	23e	Caen.
BRETTEVILLE-SUR-LAIZE	30	12,623	Falaise.	19e	Falaise.
CAEN — Est	8	26,014	Caen.	23e	Caen.
CAEN — Ouest	5	21,719	Caen.	23e	Caen.
CAMBREMER	24	6,427	Lisieux.	20e	Pont-l'Évêque.
CAUMONT	19	10,154	Caen.	23e	Bayeux.
CONDÉ-SUR-NOIREAU	11	13,134	Falaise.	19e	Vire.
CREULLY	26	11,425	Caen.	23e	Caen.
DOUVRES	19	14,101	Caen.	23e	Caen.
DOZULÉ	26	8,444	Lisieux.	20e	Pont-l'Évêque.
EVRECY	28	11,058	Caen.	23e	Caen.
FALAISE — Nord	27	11,988	Falaise.	19e	Falaise.
FALAISE — Sud	8	8,324	Falaise.	19e	Falaise.
HONFLEUR	14	15,475	Lisieux.	20e	Pont-l'Évêque.
ISIGNY	26	14,391	Caen.	23e	Bayeux.
LISIEUX — 1er canton	16	13,351	Lisieux.	20e	Lisieux.
LISIEUX — 2e canton	15	19,497	Lisieux.	20e	Lisieux.
LIVAROT	23	8,096	Lisieux.	20e	Lisieux.
MÉZIDON	26	7,694	Lisieux.	20e	Lisieux.
MORTEAUX-COULIBŒUF	23	7,520	Falaise.	19e	Falaise.
ORBEC	22	11,023	Lisieux.	20e	Lisieux.
PIERRE-SUR-DIVES (SAINT-)	22	7,385	Lisieux.	20e	Lisieux.
PONT-L'EVÊQUE	23	9,809	Lisieux.	20e	Pont-l'Évêque.
RYES	25	10,498	Caen.	23e	Bayeux.
SEVER (SAINT-)	20	13,786	Falaise.	19e	Vire.
THURY-HARCOURT	27	13,639	Falaise.	19e	Falaise.
TILLY-SUR-SEULLES	25	12,073	Caen.	23e	Caen.
TRÉVIÈRES	26	10,911	Caen.	23e	Bayeux.
TROARN	32	11,566	Caen.	23e	Caen.
TROUVILLE	5	9,183	Lisieux.	20e	Pont-l'Évêque.
VASSY	14	11,232	Falaise.	19e	Vire.
VILLERS-BOCAGE	22	9,883	Caen.	23e	Caen.
VIRE	11	16,153	Falaise.	19e	Vire.
38	764	451,012			6

CANTAL.

XIIIe RÉGION.
(Chef-lieu : CLERMONT-FERRAND.)

18e LÉGION DE GENDARMERIE.
(Chef-lieu : CLERMONT-FERRAND.)

SUBDIVISION : 4e AURILLAC. . . . . 100e régiment territorial d'infanterie.

CANTONS.	NOMBRE de communes.	POPULATION cantonale.	SUBDIVISION.	NUMÉRO du régiment territorial d'infanterie.	ARRONDISSEMENTS.
ALLANCHE.	12	9,122	Aurillac.	100[e]	Murat.
AURILLAC. Nord.	10	13,345			Aurillac.
AURILLAC. Sud.	13	16,973			Id.
CHAMPS	5	4,856			Mauriac.
CHAUDESAIGUES	12	6,718			Saint-Flour.
CERNIN (SAINT-)	6	7,065			Aurillac.
FLOUR (SAINT-). Nord . .	15	9,617			Saint-Flour.
FLOUR (SAINT-). Sud. . .	12	11,294			Id.
MAMET (SAINT-).	11	9,194			Aurillac.
MARCENAT.	9	10,449			Murat.
MASSIAC.	12	8,930			Saint-Flour.
MAURIAC.	11	11,557			Mauriac.
MAURS.	14	12,356			Aurillac.
MONTSALVY	14	10,243			Id.
MURAT	15	13,080			Murat.
PIERREFORT.	11	7,265			Saint-Flour.
PLÉAUX	12	10,171			Mauriac.
RIOM-ÈS-MONTAGNES. . . .	8	10,304			Id.
ROQUEBROU (LA)	14	10,328			Aurillac.
RUINES	13	6,909			Saint-Flour.
SAIGNES.	12	9,387			Mauriac.
SALERS	13	11,981			Id.
VIC-SUR-CÈRE	12	10,723			Aurillac.
23	264	231,867			4

CHARENTE.

XIIe RÉGION. (Chef-lieu : Limoges.)

16e LÉGION DE GENDARMERIE. (Chef-lieu : Limoges.)

SUBDIVISIONS . . { 2e Magnac-Laval . . . . 90e régiment territorial d'infanterie.
5e Périgueux . . . . . . 93e idem.
6e Angoulême . . . . . . 94e idem.

CANTONS.	NOMBRE de communes.	POPULATION cantonale.	SUBDIVISIONS.	NUMÉRO du régiment territorial d'infanterie.	ARRONDISSEMENTS.
Aigre	16	12,063	Angoulême.	94^e	Ruffec.
Amant-de-Boixe (Saint-)	17	11,441	Angoulême.	94^e	Angoulême.
Angoulême . 1er canton	9	21,611	Angoulême.	94^e	Angoulême.
Angoulême . 2e canton	14	27,891	Angoulême.	94^e	Angoulême.
Aubeterre	11	7,271	Périgueux.	93^e	Barbezieux.
Baignes	8	6,975	Périgueux.	93^e	Barbezieux.
Barbezieux	18	13,600	Périgueux.	93^e	Barbezieux.
Blanzac	19	10,444	Angoulême.	94^e	Angoulême.
Brossac	12	5,446	Périgueux.	93^e	Barbezieux.
Chabanais	12	12,242	Magnac-Laval.	90^e	Confolens.
Chalais	16	8,631	Périgueux.	93^e	Barbezieux.
Champagne-Mouton	8	6,477	Magnac-Laval.	90^e	Confolens.
Chateauneuf	17	11,854	Angoulême.	94^e	Cognac.
Claud (Saint-)	15	13,285	Magnac-Laval.	90^e	Confolens.
Cognac	16	25,530	Angoulême.	94^e	Cognac.
Confolens . Nord	8	7,243	Magnac-Laval.	90^e	Confolens.
Confolens . Sud	11	12,866	Magnac-Laval.	90^e	Confolens.
Hiersac	13	9,954	Angoulême.	94^e	Angoulême.
Jarnac	14	14,493	Angoulême.	94^e	Cognac.
Mansles	25	14,741	Angoulême.	94^e	Ruffec.
Montbron	14	11,856	Angoulême.	94^e	Angoulême.
Montembœuf	13	11,279	Magnac-Laval.	90^e	Confolens.
Montmoreau	15	8,911	Périgueux.	93^e	Barbezieux.
Rochefoucault (La)	15	14,326	Angoulême.	94^e	Angoulême.
Rouillac	17	14,597	Angoulême.	94^e	Angoulême.
Ruffec	20	13,740	Angoulême.	94^e	Ruffec.
Ségonzac	15	15,384	Angoulême.	94^e	Cognac.
Villebois-la-Valette	19	11,986	Angoulême.	94^e	Angoulême.
Villefagnan	21	11,383	Angoulême.	94^e	Ruffec.
29	426	367,520			5

CHARENTE-INFÉRIEURE.

XVIIIe RÉGION.
(Chef-lieu : Bordeaux.)

29e LÉGION DE GENDARMERIE.
(Chef-lieu : Bordeaux.)

SUBDIVISIONS . . { 1re Saintes . . . . 137e régiment territorial d'infanterie.
{ 2e La Rochelle . . . . 138e idem.

CANTONS.	NOMBRE de communes.	POPULATION cantonale.	SUBDIVISIONS.	NUMÉRO du régiment territorial d'infanterie.	ARRONDISSEMENTS.
Agnant (Saint-)	10	6,583	Saintes.	137e	Marennes.
Aigrefeuille	11	10,377	La Rochelle.	138e	Rochefort.
Archiac	17	10,872	Saintes.	137e	Jonzac.
Ars	4	6,622	La Rochelle.	138e	La Rochelle.
Aulnay	25	14,234		138e	Saint-Jean-d'Angély.
Burie	10	9,167	Saintes.	137e	Saintes.
Chateau (Le)	3	6,524		137e	Marennes.
Courçon	14	13,462	La Rochelle.	138e	La Rochelle.
Cozes	15	12,187		137e	
Gémozac	16	13,946	Saintes.	137e	Saintes.
Genis (Saint-)	17	12,323		137e	Jonzac.
Hilaire (Saint-)	12	8,266		138e	Saint-Jean-d'Angély.
Jarrie (La)	14	11,529	La Rochelle.	138e	La Rochelle.
Jean-d'Angély (Saint-)	20	18,008		138e	Saint-Jean-d'Angély.
Jonzac	20	11,795	Saintes.	137e	Jonzac.
Loulay	17	9,808		138e	Saint-Jean-d'Angély.
Marans	6	7,794	La Rochelle.	138e	La Rochelle.
Marennes	5	10,432	Saintes.	137e	Marennes.
Martin-de-Ré (Saint-)	4	9,311		138e	La Rochelle.
Matha	25	17,486	La Rochelle.	138e	Saint-Jean-d'Angély.
Mirambeau	19	14,644		137e	
Montendre	19	7,869		137e	
Montguyon	14	12,660		137e	Jonzac.
Montlieu	14	9,018	Saintes.	137e	
Pierre (Saint-)	8	11,894		137e	Marennes.
Pons	18	16,114		137e	
Porchaire (Saint-)	16	12,941		137e	Saintes.
Rochefort. . . Nord	3	15,391		138e	
Sud	6	16,798		138e	Rochefort.
Rochelle (La). Est	7	14,394	La Rochelle.	138e	
Ouest	7	16,997		138e	La Rochelle.
Royan	7	9,306		137e	Marennes.
Saintes . . . . Nord	8	13,243		137e	
Sud	13	13,012	Saintes.	137e	Saintes.
Saujon	14	12,786		137e	
Savinien (Saint-)	12	9,758		138e	Saint-Jean-d'Angély.
Surgères	12	14,310		138e	Rochefort.
Tonnay-Boutonne	9	4,602	La Rochelle.	138e	Saint-Jean-d'Angély.
Tonnay-Charente	10	10,981		138e	Rochefort.
Tremblade (La)	6	8,406	Saintes.	137e	Marennes.
40	479	465,653			6

CHER.

VIIIe RÉGION. (Chef-lieu : BOURGES.)

11e LÉGION DE GENDARMERIE. (Chef-lieu : BOURGES.)

SUBDIVISIONS . . { 5e COSNE. . . . . 61e régiment territorial d'infanterie.
6e BOURGES . . . . 62e idem.
8e NEVERS. . . . . 64e idem.

CANTONS.	NOMBRE de communes.	POPULATION cantonale.	SUBDIVISIONS.	NUMÉRO du régiment territorial d'infanterie.	ARRONDISSEMENTS.
AIX-D'ANGILLON (LES) . . .	11	9,015	Bourges.	62[e]	Bourges.
AMAND-MONT-ROND (SAINT-)	12	14,600		62[e]	Saint-Amand.
ARGENT	4	5,479	Cosne.	61[e]	Sancerre.
AUBIGNY.	5	5,833		61[e]	
BAUGY.	16	13,794	Bourges.	62[e]	Bourges.
BOURGES.	1	31,312		62[e]	
CHAPELLE D'ANGILLON (LA).	5	6,089	Cosne.	61[e]	Sancerre.
CHARENTON-SUR-CHER . . .	9	8,563	Bourges.	62[e]	Saint-Amand.
CHAROST.	13	13,729		62[e]	Bourges.
CHATEAUMEILLANT	11	11,825		62[e]	Saint-Amand.
CHATEAUNEUF	12	9,310		62[e]	
CHATELET (LE)	7	7,431		62[e]	
DUN-LE-ROI	12	10,584		62[e]	
GRAÇAY	6	7,203		62[e]	Bourges.
GUERCHE (LA).	9	13,052	Nevers.	64[e]	Saint-Amand.
HENRICHEMONT	7	8,871	Cosne.	61[e]	Sancerre.
LÉRÉ	7	8,808		61[e]	
LEVET.	14	6,821	Bourges.	62[e]	Bourges.
LIGNIÈRES.	9	9,520		62[e]	Saint-Amand.
LURY-SUR-ARNON.	9	6,239		62[e]	Bourges.
MARTIN D'AUXIGNY (SAINT-).	11	12,667		62[e]	
MEHUN-SUR-YÈVRE.	9	14,225		62[e]	
NÉRONDES.	13	13,318	Nevers.	64[e]	Saint-Amand.
SANCERGUES.	19	15,133	Cosne.	61[e]	Sancerre.
SANCERRE.	18	21,150		61[e]	
SANCOINS	10	10,510	Nevers.	64[e]	Saint-Amand.
SAULZAIS-LE-POTIER. . . .	11	8,037	Bourges.	62[e]	
VAILLY-SUR-SAULDRE. . . .	11	10,363	Cosne.	61[e]	Sancerre.
VIERZON.	10	22,366	Bourges.	62[e]	Bourges.
29	291	335,392			3

CORRÈZE.

XIIe RÉGION.
(Chef-lieu : LIMOGES.)

17e LÉGION DE GENDARMERIE.
(Chef-lieu : PÉRIGUEUX.)

SUBDIVISIONS . . { 4e TULLE. . . . . 92e régiment territorial d'infanterie.
7e BRIVE. . . . . 95e idem.

CANTONS.	NOMBRE de communes.	POPULATION cantonale.	SUBDIVISIONS.	NUMÉRO du régiment territorial d'infanterie.	ARRONDISSEMENTS.
ARGENTAT	11	11,953	Tulle.	92[e]	Tulle.
AYEN	11	10,245		95[e]	
BEAULIEU	13	11,353	Brive.	95[e]	Brive.
BEYNAT	6	6,520		95[e]	
BORT	10	8,746	Tulle.	92[e]	Ussel.
BRIVE	11	19,881	Brive.	95[e]	Brive.
BUGEAT	11	8,408	Tulle.	92[e]	Ussel.
CORRÈZE	9	7,876		92[e]	Tulle.
DONZENAC	7	13,101	Brive.	95[e]	Brive.
ÉGLETONS	8	6,714	Tulle.	92[e]	Tulle.
EYGURANDE	10	5,478		92[e]	Ussel.
JUILLAC	10	11,320	Brive.	95[e]	Brive.
LAPLEAU	8	7,228	Tulle.	92[e]	Tulle.
LARCHE	8	7,302	Brive.	95[e]	Brive.
LUBERSAC	12	12,242		95[e]	
MERCŒUR	11	7,617	Tulle.	92[e]	Tulle.
MEYMAC	10	10,180		92[e]	Ussel.
MEYSSAC	14	12,302	Brive.	95[e]	Brive.
NEUVIC	10	10,888		92[e]	Ussel.
PRIVAT (SAINT-)	10	9,894		92[e]	
ROCHE-CANILLAC (LA)	11	8,518		92[e]	Tulle.
SEILHAC	9	12,210		92[e]	
SORNAC	8	7,749	Tulle.	92[e]	Ussel.
TREIGNAC	11	12,937		92[e]	
TULLE. { Nord	7	17,206		92[e]	Tulle.
TULLE. { Sud	15	14,783			
USSEL	12	10,837		92[e]	Ussel.
UZERCHE	9	12,085		92[e]	Tulle.
VIGEOIS	6	7,193	Brive.	95[e]	Brive.
29	287	302,746			3

CORSE.

XVe RÉGION. (Chef-lieu : MARSEILLE.)

24e LÉGION DE GENDARMERIE. (Chef-lieu : BASTIA.)

SUBDIVISION . . . 4e AJACCIO. . . . . . . 116e régiment territorial d'infanterie.

CANTONS.	NOMBRE de communes.	POPULATION cantonale.	SUBDIVISION.	NUMÉRO du régiment territorial d'infanterie.	ARRONDISSEMENTS.
AJACCIO.	6	19,222	Ajaccio.	116	Ajaccio.
BASTELICA.	5	5,522			Id.
BASTIA . . { Terra-Nova. .	1	7,755			Bastia.
BASTIA . . { Terra-Vecchia	1	10,396			Id.
BELGODERE	6	3,479			Calvi.
BOCOGNANO	5	4,317			Ajaccio.
BONIFACIO.	1	3,616			Sartène.
BORGO.	4	1,952			Bastia.
BRANDO	3	3,467			Id
CALACUCCIA.	5	4,531			Corté.
CALENZANA	9	6,888			Calvi.
CALVI.	1	2,175			Id.
CAMPILE.	7	4,042			Bastia.
CAMPITELLO.	5	2,142			Id.
CASTIFAO	4	2,990			Corté.
CERVIONE.	4	2,906			Bastia.
CORTÉ.	1	5,426			Corté.
EVISA.	6	3,137			Ajaccio.
FLORENT (SAINT-)	4	2,265			Bastia.
GHISONI.	4	3,871			Corté.
ILE-ROUSSE	6	5,115			Calvi.
LAMA	3	1,353			Bastia.
LEVIE.	5	4,407			Sartène.
LORENZO (SAN-)	7	2,150			Corté.
LUCIA-DI-TALANO (SANTA-).	9	3,171			Sartène.
LURI.	5	4,951			Bastia.

CANTONS.	NOMBRE de communes.	POPULATION cantonale.	SUBDIVISION.	NUMÉRO du régiment territorial d'infanterie.	ARRONDISSEMENTS.
Maria-Siché (Santa-)	16	8,273	Ajaccio.	116e	Ajaccio.
Martino (San-)	3	1,998			Bastia.
Moïta	8	4,853			Corté.
Morosaglia	7	3,736			Id.
Murato	4	2,241			Bastia.
Muro	9	5,036			Calvi.
Nicolao (San-)	5	2,196			Bastia.
Nonza	5	2,914			Id.
Oletta	4	2,412			Id.
Olmeto	6	4,054			Sartène.
Olmi-Capella	4	1,853			Calvi.
Omessa	7	2,450			Corté.
Petreto-Bicchisano	6	4,221			Sartène.
Péro-Casa-Vecchia	5	2,600			Bastia.
Piana (La)	8	3,229			Ajaccio.
Piédicorté-di-Gaggio	7	3,567			Corté.
Piédicroce	15	4,405			Id.
Piètra	6	3,120			Id.
Piétro-di-Tenda (San-)	3	1,868			Bastia.
Porta (La)	15	5,230			Id.
Porto-Vecchio	4	3,231			Sartène.
Prunelli-di-Fiumorbo	5	4,650			Corté.
Rogliano	5	5,071			Bastia.
Salice	5	2,141			Ajaccio.
Sari-d'Orcino	8	3,480			Id.
Sermano	10	3,065			Corté.
Serra-di-Scopamene	8	4,681			Sartène.
Serraggio	8	4,476			Corté.
Sarrola-Carcopino	5	2,883			Ajaccio.
Sartène	8	6,114			Sartène.
Soccia	4	2,571			Ajaccio.
Valle-d'Alesani	9	2,944			Corté.
Vescovato	7	6,365			Bastia.
Vezzani	7	3,437			Corté.
Vico	7	6,040			Ajaccio.
Zicavo	9	5,856			Id.
62	364	258,507			5

COTE-D'OR.

VIIIe RÉGION.
(Chef-lieu : Bourges.)

11e LÉGION DE GENDARMERIE.
(Chef-lieu : Bourges.)

SUBDIVISIONS . . { 1re Auxonne . . . . 57e régiment territorial d'infanterie.
2e Dijon. . . . . 58e idem.

CANTONS.	NOMBRE de communes.	POPULATION cantonale.	SUBDIVISIONS.	NUMÉRO du régiment territorial d'infanterie.	ARRONDISSEMENTS.
Aignay-le-Duc	16	4,650	Dijon.	58e	Châtillon.
Arnay-le-Duc	20	11,277	Auxonne.	57e	Beaune.
Auxonne	16	12,443		57e	Dijon.
Baigneux-les-Juifs	15	4,091	Dijon.	58e	Châtillon.
Beaune. Nord	13	14,913		57e	
Beaune. Sud	17	14,120	Auxonne.	57e	Beaune.
Bligny-sur-Ouche	22	7,431		57e	
Chatillon-sur-Seine	28	14,914		58e	Châtillon.
Dijon. Est	17	18,370		58e	
Dijon. Nord	15	15,088		58e	Dijon.
Dijon. Ouest	14	25,810		58e	
Flavigny	23	10,747		58e	Semur.
Fontaine-Française	13	5,255	Dijon.	58e	
Genlis	27	10,810		58e	
Gevrey-Chambertin	32	10,007		58e	Dijon.
Grancey-le-Chateau	11	2,527		58e	
Is-sur-Tille	23	8,317		58e	
Jean-de-Losne (Saint-)	17	12,224	Auxonne.	57e	Beaune.
Laignes	23	8,755	Dijon.	58e	Châtillon.
Liernais	14	8,179	Auxonne.	57e	Beaune.
Mirebeau	22	8,261		58e	Dijon.
Montbard	27	11,329	Dijon.	58e	Semur.
Montigny-sur-Aube	16	7,260		58e	Châtillon.
Nolay	18	13,109		57e	Beaune.
Nuits	28	14,296	Auxonne.	57e	
Pontailler-sur-Saône	19	9,662		57e	Dijon.
Poully-en-Auxois	28	11,847		57e	Beaune.
Précy-sous-Thil	19	8,325		58e	Semur.
Recey-sur-Ource	17	5,696		58e	Châtillon.
Saulieu	12	11,599		58e	Semur.
Seine-l'Abbaye (Saint-)	19	5,826	Dijon.	58e	Dijon.
Selongey	11	4,564		58e	
Semur	29	18,131		58e	Semur.
Seurre	23	12,832	Auxonne.	57e	Beaune.
Sombernon	27	8,011	Dijon.	58e	Dijon.
Vitteaux	29	8,801		58e	Semur.
36	717	374,510			4

COTES-DU-NORD.

Xe RÉGION. (Chef-lieu : RENNES.)

14e LÉGION DE GENDARMERIE. (Chef-lieu : RENNES.)

SUBDIVISIONS . .
- 1re GUINGAMP. . . . . . . 73e régiment territorial d'infanterie.
- 2e SAINT-BRIEUC. . . . . 74e idem.
- 6e SAINT-MALO. . . . . . 78e idem.

CANTONS.	NOMBRE de communes.	POPULATION cantonale.	SUBDIVISIONS.	NUMÉRO du régiment territorial d'infanterie.	ARRONDISSEMENTS.
BÉGARD	7	11,507	Guingamp.	73e	Guingamp.
BELLE-ISLE-EN-TERRE	6	13,990		73e	
BOURBRIAC	7	10,254		73e	
BRIEUC (SAINT-). Nord	6	20,393	Saint-Brieuc.	74e	Saint-Brieuc.
BRIEUC (SAINT-). Sud	8	24,321		74e	
BROONS	9	14,903	Saint-Malo.	78e	Dinan.
CALLAC	11	16,550	Guingamp.	73e	Guingamp.
CHATELAUDREN	8	11,758	Saint-Brieuc.	74e	Saint-Brieuc.
CORÈZE (LA)	9	11,174		74e	Loudéac.
COLLINÉE	6	7,602		74e	
CORLAY	5	6,908		74e	
DINAN. Est.	7	14,781	Saint-Malo.	78e	Dinan.
DINAN. Ouest.	13	14,773		78e	
ÉTABLES	6	12,680	Saint-Brieuc.	74e	Saint-Brieuc.
ÉVRAN	7	10,532	Saint-Malo.	78e	Dinan.
GOAREC	8	7,390	Saint-Brieuc.	74e	Loudéac.
GUINGAMP	8	16,318	Guingamp.	73e	Guingamp.
JOUAN-DE-L'ISLE (SAINT-)	8	8,996	Saint-Malo.	78	Dinan.
JUGON	8	11,978		78e	

CANTONS.	NOMBRE de communes.	POPULATION cantonale.	SUBDIVISIONS.	NUMÉRO du régiment territorial d'infanterie.	ARRONDISSEMENTS.
Lamballe	14	15,433	Saint-Brieuc.	74e	Saint-Brieuc.
Lannion	9	17,816	Guingamp.	73e	Lannion.
Lanvollon	11	13,695	Saint-Brieuc.	74e	Saint-Brieuc.
Lézardrieux	7	14,093	Guingamp.	73e	Lannion.
Loudéac	6	14,127	Saint-Brieuc.	74e	Loudéac.
Maël-Carhaix	8	8,935	Guingamp.	73e	Guingamp.
Matignon	12	13,709	Saint-Malo.	78e	Dinan.
Merdrignac	9	12,596	Saint-Brieuc.	74e	Loudéac.
Moncontour	10	14,811	Saint-Brieuc.	74e	Saint-Brieuc.
Mur	5	5,995	Saint-Brieuc.	74e	Loudéac.
Nicolas-du-Pelem (Saint-)	8	10,165	Guingamp.	73e	Guingamp.
Paimpol	9	20,238	Saint-Brieuc.	74e	Saint-Brieuc.
Perros-Guirec	9	13,951	Guingamp.	73e	Lannion.
Plancoët	11	13,881	Saint-Malo.	78e	Dinan.
Plélan-le-Petit	9	5,059	Saint-Malo.	78e	Dinan.
Pléneuf	5	9,568	Saint-Brieuc.	74e	Saint-Brieuc.
Plestin	9	15,924	Guingamp.	73e	Lannion.
Plouagat	7	8,929	Guingamp.	73e	Guingamp.
Plouaret	9	22,276	Guingamp.	73e	Lannion.
Ploubalay	8	8,835	Saint-Malo.	78e	Dinan.
Plœuc	6	12,766	Saint-Brieuc.	74e	Saint-Brieuc.
Plouguenast	5	13,001	Saint-Brieuc.	74e	Loudéac.
Plouha	5	8,455	Saint-Brieuc.	74e	Saint-Brieuc.
Pontrieux	8	14,163	Guingamp.	73e	Guingamp.
Quintin	8	12,090	Saint-Brieuc.	74e	Saint-Brieuc.
Roche-Derrien (La)	12	12,755	Guingamp.	73e	Lannion.
Rostrenen	6	13,697	Guingamp.	73e	Guingamp.
Tréguier	10	18,619	Guingamp.	73e	Lannion.
Uzel	7	9,842	Saint-Brieuc.	74e	Loudéac.
48	387	622,295			5

CREUSE.

XIIe RÉGION.
(Chef-lieu : Limoges.)

16e LÉGION DE GENDARMERIE.
(Chef-lieu : Limoges.)

SUBDIVISIONS . .
- 1re Limoges . . . . 89e régiment territorial d'infanterie.
- 2e Magnac-Laval . . . . 90e idem.
- 3e Guéret. . . . . 91e idem.

CANTONS.	NOMBRE de communes.	POPULATION cantonale.	SUBDIVISIONS.	NUMÉRO du régiment territorial d'infanterie.	ARRONDISSEMENTS.
Ahun	11	10,886		91[e]	Guéret.
Aubusson	11	12,884	Guéret.	91[e]	
Auzances	11	9,500		91[e]	Aubusson.
Bellegarde.	9	9,901		91[e]	
Bénévent.	10	9,819	Magnac-Laval.	90[e]	Bourganeuf.
Bonnat.	12	13,825	Guéret.	91[e]	Guéret.
Bourganeuf.	13	13,136	Limoges.	89[e]	Bourganeuf.
Boussac.	13	10,344		91[e]	
Chambon	11	8,781		91[e]	Boussac.
Chatelus	10	11,210		91[e]	
Chénérailles.	10	12,888		91[e]	
Courtine (La).	10	7,434	Guéret.	91[e]	Aubusson.
Crocq (Le)	13	10,765		91[e]	
Dun	13	15,902		91[e]	Guéret.
Évaux.	9	10,495		91[e]	
Felletin	9	11,490		91[e]	Aubusson.
Gentioux	8	7,301		91[e]	
Grand-Bourg (Le)	7	9,555	Magnac-Laval.	90[e]	Guéret.
Guéret.	13	17,816	Guéret.	91[e]	
Jarnages	12	7,545		91[e]	Boussac.
Pontarion	10	10,065	Limoges.	89[e]	Bourganeuf.
Royère	8	8,722		89[e]	
Souterraine (La).	10	15,308	Magnac-Laval.	90[e]	Guéret.
Sulpice-les-Champs (St-) .	11	7,835	Guéret.	91[e]	Aubusson.
Vaury (Saint-)	9	11,256		91[e]	Guéret.
25	263	274,663			4

DORDOGNE.

XIIe RÉGION.
(Chef-lieu : Limoges.)

17e LÉGION DE GENDARMERIE.
(Chef-lieu : Périgueux.)

SUBDIVISIONS . .
- 1re Limoges . . . . 89e régiment territorial d'infanterie.
- 5e Périgueux . . . . . . 93e idem.
- 7e Brive. . . . . 95e idem.
- 8e Bergerac. . . . . . . 96e idem.

CANTONS.	NOMBRE de communes.	POPULATION cantonale.	SUBDIVISIONS.	NUMÉRO du régiment territorial d'infanterie.	ARRONDISSEMENTS.
Alvère (Saint-).	8	6,143	Bergerac.	96^e	Bergerac.
Astier (Saint-).	12	12,194	Périgueux.	93^e	Périgueux.
Aulaye (Saint-)	13	10,671		93^e	Ribérac.
Beaumont.	13	8,233	Bergerac.	96^e	Bergerac.
Belvès	15	8,648		96^e	Sarlat.
Bergerac.	11	17,918		96^e	Bergerac.
Brantôme.	11	10,817	Périgueux.	93^e	Périgueux.
Bugue (Le)	11	8,563	Bergerac.	96^e	Sarlat.
Bussière-Badil.	8	8,311	Limoges.	89^e	Nontron.
Cadouin.	11	6,205	Bergerac.	96^e	Bergerac.
Carlux	12	7,027		96^e	Sarlat.
Champagnac-de-Bel-Air .	10	7,021	Périgueux.	93^e	Nontron.
Cyprien (Saint-)	15	11,892	Bergerac.	96^e	Sarlat.
Domme	15	13,635		96^e	
Excideuil.	14	10,669	Brive.	95^e	Périgueux.
Eymet.	14	6,273	Bergerac.	96^e	Bergerac.
Force (La)	12	9,034		96^e	
Hautefort	13	9,966	Brive.	95^e	Périgueux.
Issigeac.	20	8,112	Bergerac.	96^e	Bergerac.

CANTONS.	NOMBRE de communes.	POPULATION cantonale.	SUBDIVISIONS.	NUMÉRO du régiment territorial d'infanterie.	ARRONDISSEMENTS.
Jumilhac-le-Grand	7	8,332	Brive.	95e	Nontron.
Lalinde	15	8,421	Bergerac.	96e	Bergerac.
Lanouaille	10	12,065	Brive.	95e	Nontron.
Mareuil	14	8,760	Périgueux.	93e	Nontron.
Montagrier	10	8,722	Périgueux.	93e	Ribérac.
Montignac	14	14,889	Bergerac.	96e	Sarlat.
Montpazier	13	5,138	Bergerac.	96e	Bergerac.
Monpont	9	8,885	Périgueux.	93e	Ribérac.
Mussidan	11	8,514	Périgueux.	93e	Ribérac.
Neuvic	11	8,726	Périgueux.	93e	Ribérac.
Nontron	14	13,617	Limoges.	89e	Nontron.
Pardoux-la-Rivière (St-)	7	9,656	Limoges.	89e	Nontron.
Périgueux	7	28,173	Périgueux.	93e	Périgueux.
Pierre-de-Chignac (St-)	15	10,975	Périgueux.	93e	Périgueux.
Ribérac	13	12,079	Périgueux.	93e	Ribérac.
Salignac	9	7,936	Bergerac.	96e	Sarlat.
Sarlat	13	14,547	Bergerac.	96e	Sarlat.
Savignac-les-Églises	14	10,742	Périgueux.	93e	Périgueux.
Sigoulès	17	9,789	Bergerac.	96e	Bergerac.
Thenon	11	8,978	Brive.	95e	Périgueux.
Thiviers	10	10,672	Brive.	95e	Nontron.
Terrasson	17	14,946	Brive.	95e	Sarlat.
Vélines	13	8,965	Bergerac.	96e	Bergerac.
Vergt	16	10,290	Périgueux.	93e	Périgueux.
Verteillac	17	11,111	Périgueux.	93e	Ribérac.
Villamblard	17	10,724	Bergerac.	96e	Bergerac.
Villefranche-de-Belvès	12	6,731	Bergerac.	96e	Sarlat.
Villefranche-de-Longchapt	8	6,126	Bergerac.	96e	Bergerac.
47	582	480,141			5

DOUBS.

VIIe RÉGION. (Chef-lieu : BESANÇON.)

9e LÉGION DE GENDARMERIE. (Chef-lieu : BESANÇON.)

SUBDIVISIONS . . { 1re BELFORT . . . . 49e régiment territorial d'infanterie.
6e BESANÇON. . . . . . . 54e idem.

CANTONS.	NOMBRE de communes.	POPULATION cantonale.	SUBDIVISIONS.	NUMÉRO du régiment territorial d'infanterie.	ARRONDISSEMENTS.
AMANCEY	23	6,213	Besançon.	54[e]	Besançon.
AUDEUX.	44	10,125		54[e]	
AUDINCOURT.	23	17,329	Belfort.	49[e]	Montbéliard.
BAUME-LES-DAMES.	31	8,420		49[e]	Baume-les-Dames.
BESANÇON . { Nord.	4	21,514	Besançon.	54[e]	Besançon.
BESANÇON . { Sud	12	32,667		54[e]	
BLAMONT	14	8,298	Belfort.	49[e]	Montbéliard.
BOUSSIÈRES	21	6,988	Besançon.	54[e]	Besançon.
CLERVAL.	25	8,229	Belfort.	49[e]	Baume-les-Dames.
HIPPOLYTE (SAINT-)	26	7,850		49[e]	Montbéliard.
ISLE-SUR-DOUBS (L'). . . .	24	9,319		49[e]	Baume-les-Dames.
LEVIER	15	9,091	Besançon.	54[e]	Pontarlier.
MAICHE	30	10,982	Belfort.	49[e]	Montbéliard.
MARCHAUX.	37	8,494	Besançon.	54[e]	Besançon.
MONTBÉLIARD	20	12,153	Belfort.	49[e]	Montbéliard.
MONTBENOÎT.	17	7,143	Besançon.	54[e]	Pontarlier.
MORTEAU	7	8,751		54[e]	
MOUTHE.	24	9,429		54[e]	
ORNANS	28	13,442		54[e]	Besançon.
PIERREFONTAINE.	21	8,778	Belfort.	49[e]	Baume-les-Dames.
PONTARLIER.	25	14,823	Besançon.	54[e]	Pontarlier.
PONT-DE-ROIDE	24	8,922	Belfort.	49[e]	Montbéliard.
QUINGEY.	35	10,455	Besançon.	54[e]	Besançon.
ROUGEMONT.	31	8,915	Belfort.	49[e]	Baume-les-Dames.
ROULANS.	25	6,633		49[e]	
RUSSEY (LE).	22	6,664		49[e]	Montbéliard.
VERCEL	30	9,624		49[e]	Baume-les-Dames.
27	637	291,251			4

DROME.

XIVe RÉGION.
(Chef-lieu : GRENOBLE.)

20e LÉGION DE GENDARMERIE.
(Chef-lieu : LYON.)

SUBDIVISIONS. . { 6e ROMANS . . . . 110e régiment territorial d'infanterie.
{ 7e MONTÉLIMAR. . . . . 111e idem.

CANTONS.	NOMBRE de communes.	POPULATION cantonale.	SUBDIVISIONS.	NUMÉRO du régiment territorial d'infanterie.	ARRONDISSEMENTS.
BOURDEAUX	9	3,837	Montélimar.	111e	Die.
BOURG-DE-PÉAGE	13	19,379	Romans.	110e	Valence.
BUIS-LES-BARONNIES (LE) .	23	9,623	Montélimar.	111e	Nyons.
CHABEUIL	12	12,687	Romans.	110e	Valence.
CHAPELLE-en-VERCORS (LA).	5	4,659		111e	
CHATILLON	10	6,134		111e	
CREST. . { Nord.	16	14,732	Montélimar.	111e	Die.
{ Sud.	14	9,477		111e	
DIE	15	7,427		111e	
DIEULEFIT.	16	11,728		111e	Montélimar.
DONAT (SAINT-)	9	7,056	Romans.	110e	Valence.
GRAND-SERRE (LE).	8	12,169		110e	
GRIGNAN	14	10,240	Montélimar.	111e	Montélimar.
JEAN-EN-ROYANS (SAINT-) .	11	7,281	Romans.	110e	Valence.
LORIOL	6	11,122		110e	
LUC-EN-DIOIS	19	4,599		111e	Die.
MARSANNE.	14	9,952		111e	Montélimar.
MONTÉLIMAR.	11	17,716		111e	
MOTTE-CHALENÇON (LA) . .	17	6,005	Montélimar.	111e	Die.
NYONS.	16	11,914		111e	Nyons.
PAUL-TROIS-CHATEAUX (St-).	10	12,193		111e	Montélimar.
PIERRELATTE	4	6,858		111e	
RÉMUZAT	17	4,046		111e	Nyons.
ROMANS.	13	24,489	Romans.	110e	Valence.
SAILLANS.	13	4,678	Montélimar.	111e	Die.
SÉDERON.	18	7,526		111e	Nyons.
TAIN.	12	12,450		110e	
VALENCE	8	31,229	Romans.	110e	Valence.
VALLIER (SAINT-)	18	19,211		110e	
29	370	320,417			4

EURE.

IIIe RÉGION. (Chef-lieu : ROUEN.)

4e LÉGION DE GENDARMERIE. (Chef-lieu : ROUEN.)

SUBDIVISIONS. . .
- 1re BERNAY. . . . . 17e régiment territorial d'infanterie.
- 2e ÉVREUX . . . . 18e idem.
- 6e ROUEN (Sud). . . . . . . 22e idem.

CANTONS.	NOMBRE de communes.	POPULATION cantonale.	SUBDIVISIONS.	NUMÉRO du régiment territorial d'infanterie.	ARRONDISSEMENTS.
AMFREVILLE-LA-CAMPAGNE.	24	9,999	Rouen (Sud).	22e	Louviers.
ANDELYS (LES).	18	10,829		22e	Les Andelys.
ANDRÉ (SAINT-)	31	13,166	Évreux.	18e	Évreux.
BEAUMESNIL.	17	6,875		17e	
BEAUMONT-LE-ROGER. . . .	22	11,745		17e	Bernay.
BERNAY	18	15,188	Bernay.	17e	
BEUZEVILLE.	17	9,552		17e	Pont-Audemer.
BOURGTHEROULDE	20	8,833		17e	
BRETEUIL.	14	10,117	Évreux.	18e	Évreux.
BRIONNE.	23	12,832	Bernay.	17e	Bernay.
BROGLIE.	22	9,322		17e	
CONCHES.	26	10,081	Évreux.	18e	Évreux.
CORMEILLES.	12	7,552	Bernay.	17e	Pont-Audemer.
DAMVILLE.	22	5,869	Évreux.	18e	Évreux.
ÉCOS	24	[illegible],690	Rouen (Sud).	22e	Les Andelys.
ÉTRÉPAGNY	20	8,609		22e	
ÉVREUX. Nord.	25	9,670	Évreux.	18e	Évreux.
ÉVREUX. Sud.	22	15,595		18e	
FLEURY-SUR-ANDELLE . . .	22	13,479	Rouen (Sud).	22e	Les Andelys.
GAILLON.	24	12,679		22e	Louviers.
GEORGES-DU-VIÈVRE (St-) .	14	8,194	Bernay.	17e	Pont-Audemer.
GISORS.	20	10,589		22e	Les Andelys.
LOUVIERS	20	20,004	Rouen (Sud).	22e	Louviers.
LYONS-LA-FORÊT.	13	7,305		22e	Les Andelys.
MONTFORT-SUR-RISLE . . .	11	7,848	Bernay.	17e	Pont-Audemer.
NEUBOURG (LE)	24	10,620	Rouen (Sud).	22e	Louviers.
NONANCOURT.	15	8,440	Évreux.	18e	Évreux.
PACY-SUR-EURE	23	8,336		18e	
PONT-AUDEMER	15	13,977	Bernay.	17e	Pont-Audemer.
PONT-DE-L'ARCHE	19	11,810	Rouen (Sud).	22e	Louviers.
QUILLEBŒUF.	14	6,349	Bernay.	17e	Pont-Audemer.
ROUTOT.	18	10,778		17e	
RUGLES	19	9,016	Évreux.	18e	Évreux.
THIBERVILLE	22	12,038	Bernay.	17e	Bernay.
VERNEUIL.	14	9,819	Évreux.	18e	Évreux.
VERNON.	14	12,069		18e	
36	700	377,874			5

EURE-ET-LOIR.

IVe RÉGION.
(Chef-lieu : LE MANS.)

5e LÉGION DE GENDARMERIE.
(Chef-lieu : LE MANS.)

SUBDIVISIONS . . { 5e DREUX . . . . 29e régiment territorial d'infanterie.
{ 6e CHARTRES. . . . . . . 30e idem.

CANTONS.	NOMBRE de communes.	POPULATION cantonale.	SUBDIVISIONS.	NUMÉRO du régiment territorial d'infanterie.	ARRONDISSEMENTS.
ANET	21	11,380	Dreux.	29e	Dreux.
AUNEAU	28	12,440	Chartres.	30e	Chartres.
AUTHON.	15	11,390	Dreux.	29e	Nogent-le-Rotrou.
BONNEVAL.	20	13,442	Chartres.	30e	Châteaudun.
BREZOLLES.	20	9,851	Dreux.	29e	Dreux.
BROU	11	10,934	Chartres.	30e	Châteaudun.
CHARTRES. . { Nord	20	17,465	Dreux.	29e	Chartres.
CHARTRES. . { Sud	17	23,008	Chartres.	30e	
CHATEAUDUN.	17	16,132	Chartres.	30e	Châteaudun.
CHATEAUNEUF.	22	9,378	Dreux.	29e	Dreux.
CLOYES	15	13,033	Chartres.	30e	Châteaudun.
COURVILLE	16	9,495		29e	Chartres.
DREUX.	23	16,205	Dreux.	29e	Dreux.
FERTÉ-VIDAME (LA)	7	2,972		29e	
ILLIERS	21	10,419	Chartres.	30e	Chartres.
JANVILLE	22	11,295		30e	
LOUPE (LA)	17	9,974		29e	Nogent-le-Rotrou.
MAINTENON	21	13,284	Dreux.	29e	Chartres.
NOGENT-LE-ROI	21	10,631		29e	Dreux.
NOGENT-LE-ROTROU	10	12,104		29e	Nogent-le-Rotrou.
ORGÈRES.	17	9,373	Chartres.	30e	Châteaudun.
SENONCHES.	12	6,070	Dreux.	29e	Dreux.
THIRON-GARDAIS.	12	9,091		29e	Nogent-le-Rotrou.
VOVES.	22	13,251	Chartres.	30e	Chartres.
21	426	282,622			4

6

FINISTÈRE.

XIe RÉGION.
(Chef-lieu : NANTES.)

15e LÉGION DE GENDARMERIE.
(Chef-lieu : NANTES.)

SUBDIVISIONS . . { 6e QUIMPER. . . . . . . 86e régiment territorial d'infanterie.
{ 7e BREST. . . . . 87e idem.

CANTONS.	NOMBRE de communes.	POPULATION cantonale.	SUBDIVISIONS.	NUMÉRO du régiment territorial d'infanterie.	ARRONDISSEMENTS.
ARZANO	4	5,122	Quimper.	86^e	Quimperlé.
BANNALEC	4	9,973		86^e	
BREST. 1er canton	1	24,677		87^e	
BREST. 2e canton	6	36,524	Brest.	87^e	Brest.
BREST. 3e canton	2	29,110		87^e	
BRIEC	2	6,504		86^e	Quimper.
CARHAIX	9	15,315		86^e	
CHATEAULIN	12	19,168		86^e	Châteaulin.
CHATEAUNEUF	10	17,249	Quimper.	86^e	
CONCARNEAU	4	11,484		86^e	Quimper.
CROZON	7	17,328		86^e	Châteaulin.
DAOULAS	10	18,859	Brest.	87^e	Brest.
DOUARNENEZ	6	19,617		86^e	Quimper.
FAOU (LE)	5	6,895	Quimper.	86^e	Châteaulin.
FOUESNANT	6	7,315		86^e	Quimper.
HUELGOAT (LE)	8	12,725		86^e	Châteaulin.
LANDERNAU	9	20,389		87^e	Brest.
LANDIVISIAU	7	13,639		87^e	Morlaix.
LANMEUR	8	15,474		87^e	
LANNILIS	5	14,950	Brest.	87^e	Brest.
LESNEVEN	10	18,839		87^e	
MORLAIX	5	22,460		87^e	Morlaix.
OUESSANT	1	2,377		87^e	Brest.
PLABENNEC	12	13,535		87^e	
PLEYBEN	9	18,132		86^e	Châteaulin.
PLOGASTEL-St-GERMAIN	10	16,049	Quimper.	86^e	Quimper.
PLOUDALMÉZEAU	12	15,014		87^e	Brest.
PLOUDIRY	7	6,085		87^e	
PLOUESCAT	5	11,381	Brest.	87^e	
PLOUIGNEAU	7	15,315		87^e	Morlaix.
PLOUZÉVÉDÉ	6	12,098		87^e	
POL-DE-LÉON (SAINT-)	7	20,174		87^e	
PONT-AVEN	5	12,412		86^e	Quimperlé.
PONT-CROIX	12	21,708		86^e	
PONT-L'ABBÉ	11	20,060	Quimper.	86^e	Quimper.
QUIMPER	7	24,588		86^e	
QUIMPERLÉ	5	12,186		86^e	Quimperlé.
RENAN (SAINT-)	10	13,239	Brest.	87^e	Brest.
ROSPORDEN	4	6,431		86^e	Quimper.
SCAER	3	7,735	Quimper.	86^e	Quimperlé.
SIZUN	4	8,867		87^e	
TAULÉ	5	9,652	Brest.	87^e	Morlaix.
THÉGONNEC (SAINT-)	5	12,309		87^e	
43	285	642,963			5

GARD.

XVe RÉGION.
(Chef-lieu : MARSEILLE.)

22e LÉGION DE GENDARMERIE.
(Chef-lieu : MARSEILLE.)

SUBDIVISIONS . . { 5e NIMES . . . . 117e régiment territorial d'infanterie.
8e PONT-SAINT-ESPRIT. . 120e idem.

CANTONS.	NOMBRE de communes.	POPULATION cantonale.	SUBDIVISIONS.	NUMÉRO du régiment territorial d'infanterie.	ARRONDISSEMENTS.
AIGUES-MORTES	2	5,514	Nîmes.	117[e]	Nîmes.
ALAIS . { Est.	11	16,827	Nîmes.	117[e]	Alais.
ALAIS . { Ouest.	6	15,445	Nîmes.	117[e]	Alais.
ALZON.	6	4,010	Nîmes.	117[e]	Le Vigan.
AMBROIX (SAINT-).	14	14,851	Nîmes.	117[e]	Alais.
ANDRÉ-DE-VALBORGNE (S[t]-).	5	3,898	Nîmes.	117[e]	Le Vigan.
ANDUZE	8	9,932	Nîmes.	117[e]	Alais.
ARAMON.	10	11,808	Nîmes.	117[e]	Nîmes.
BAGNOLS	17	15,651	Pont-Saint-Esprit.	120[e]	Uzès.
BARJAC	7	5,830	Nîmes.	117[e]	Alais.
BEAUCAIRE	4	14,586	Nîmes.	117[e]	Nîmes.
BESSÉGES	5	15,507	Nîmes.	117[e]	Alais.
CHAPTES (SAINT-)	16	8,530	Pont-Saint-Esprit.	120[e]	Uzès.
GÉNOLHAC.	11	12,133	Nîmes.	117[e]	Alais.
GILLES (SAINT-).	2	8,471	Nîmes.	117[e]	Nîmes.
GRAND'COMBE (LA).	6	13,301	Nîmes.	117[e]	Alais.
HIPPOLYTE-DU-FORT (S[t]-) .	6	6,616	Nîmes.	117[e]	Le Vigan.
JEAN-DU-GARD (SAINT-) . .	3	5,188	Nîmes.	117[e]	Alais.
LASALLE.	9	5,750	Nîmes.	117[e]	Le Vigan.
LÉDIGNAN.	12	4,546	Nîmes.	117[e]	Alais.
LUSSAN	12	5,854	Pont-Saint-Esprit.	120[e]	Uzès.
MARGUERITTES.	8	8,105	Nîmes.	117[e]	Nîmes.
MAMERT (SAINT-).	13	6,975	Nîmes.	117[e]	Nîmes.
NÎMES. { 1er canton.	2	24,979	Nîmes.	117[e]	Nîmes.
NÎMES. { 2e canton.	1	21,728	Nîmes.	117[e]	Nîmes.
NÎMES. { 3e canton.	3	21,327	Nîmes.	117[e]	Nîmes.
PONT-SAINT-ESPRIT	16	14,091	Pont-Saint-Esprit.	120[e]	Uzès.
QUISSAC.	11	4,745	Nîmes.	117[e]	Le Vigan.
REMOULINS	9	6,270	Pont-Saint-Esprit.	120[e]	Uzès.
ROQUEMAURE	9	11,283	Pont-Saint-Esprit.	120[e]	Uzès.
SAUVE.	9	4,509	Nîmes.	117[e]	Le Vigan.
SOMMIÈRES	18	16,492	Nîmes.	117[e]	Nîmes.
SUMÈNE	8	6,630	Nîmes.	117[e]	Le Vigan.
TRÈVES	6	3,318	Nîmes.	117[e]	Le Vigan.
UZÈS	15	13,908	Pont-Saint-Esprit.	120[e]	Uzès.
VALLERAUGUE.	3	6,263	Nîmes.	117[e]	Le Vigan.
VAUVERT	12	19,486	Nîmes.	117[e]	Nîmes.
VÉZÉNOBRES.	17	6,211	Nîmes.	117[e]	Alais.
VIGAN (LE)	13	13,143	Nîmes.	117[e]	Le Vigan.
VILLENEUVE-LÈS-AVIGNON.	5	6,422	Pont-Saint-Esprit.	120[e]	Uzès.
40	347	420,131			4

GERS.

XVIIe RÉGION.
(Chef-lieu : Toulouse.)

27e LÉGION DE GENDARMERIE.
(Chef-lieu : Toulouse.)

SUBDIVISIONS . . { 1re Agen . . . . 129e régiment territorial d'infanterie.
7e Mirande. . . . . 135e idem.

CANTONS.	NOMBRE de communes.	POPULATION cantonale.	SUBDIVISIONS.	NUMÉRO du régiment territorial d'infanterie.	ARRONDISSEMENTS.
Aignan	13	7,378		135e	Mirande.
Auch . { Nord.	16	11,711		135e	Auch.
Auch . { Sud.	17	14,871		135e	
Cazaubon.	15	10,810	Mirande.	135e	Condom.
Clar (Saint-).	14	7,115		135e	Lectoure.
Cologne	13	5,456		135e	Lombez.
Condom.	12	13,900	Agen.	129e	Condom.
Eauze.	11	9,957		135e	
Fleurance	19	12,270		135e	Lectoure.
Gimont	11	8,763	Mirande.	135e	Auch.
Isle-Jourdain (L')	16	11,433		135e	Lombez.
Jegun.	12	6,461		135e	Auch.
Lectoure.	14	12,724	Agen.	129e	Lectoure.
Lombez	27	12,694		135e	Lombez.
Marciac.	19	8,205		135e	Mirande.
Masseube.	23	9,566	Mirande.	135e	
Mauvezin.	16	8,630		135e	Lectoure.
Miélan	19	10,097		135e	Mirande.
Miradoux.	9	5,234	Agen.	129e	Lectoure.
Mirande	24	12,919	Mirande.	135e	Mirande.
Montesquiou	17	8,504		135e	
Montréal.	9	9,863	Agen.	129e	
Nogaro.	24	14,273		135e	Condom.
Plaisance.	15	8,084		135e	Mirande.
Riscle	20	10,554		135e	
Samatan	15	8,040	Mirande.	135e	Lombez.
Saramon	15	6,365		135e	Auch.
Valence	16	8,817		135e	Condom.
Vic-Fezensac.	15	10,023		135e	Auch.
29	465	284,717			5

GIRONDE.

XVIIIe RÉGION.

(Chef-lieu: Bordeaux.)

29e LÉGION DE GENDARMERIE.

(Chef-lieu: Bordeaux.)

SUBDIVISIONS . . { 3e Libourne. . . . . . 139e régiment territorial d'infanterie.
4e Bordeaux . . . . . 140e idem.

CANTONS.		NOMBRE de communes.	POPULATION cantonale.	SUBDIVISIONS.	NUMÉRO du régiment territorial d'infanterie.	ARRONDISSEMENTS.
André-de-Cubzac (Saint-).		10	9,122		140[e]	Bordeaux.
Audenge		7	8,163		140[e]	
Auros		14	7,368	Bordeaux.	140[e]	Bazas.
Bazas		13	11,351		140[e]	
Belin		6	9,963		140[e]	Bordeaux.
Blanquefort		10	15,001		140[e]	
Blaye		13	15,240	Libourne.	139[e]	Blaye.
Bordeaux . .	1er canton. .	3	34,903		143[e]	
	2e canton. .	2	32,185		143[e]	
	3e canton. .	1	39,135	Bordeaux (1).	142[e]	Bordeaux.
	4e canton. .	2	30,741		142[e]	
	5e canton. .	1	41,244		144[e]	
	6e canton. .	2	35,031		142[e]	
Bourg-sur-Gironde		16	13,188	Libourne.	139[e]	Blaye.
Branne		19	10,551		139[e]	Libourne.
Brède (La)		13	12,332		140[e]	Bordeaux.
Cadillac		16	13,477	Bordeaux.	140[e]	
Captieux		6	3,464		140[e]	Bazas.

(1) Les hommes de l'armée territoriale des cantons de Bordeaux sont affectés, savoir : ceux des 3e, 4e et 6e cantons au 142e, à Bayonne; ceux des 1er et 2e cantons au 143e, à Pau, et ceux du 5e canton au 144e, à Tarbes.

CANTONS.	NOMBRE de communes.	POPULATION cantonale.	SUBDIVISIONS.	NUMÉRO du régiment territorial d'infanterie.	ARRONDISSEMENTS.
Carbon-Blanc (Le)	18	20,816	Bordeaux.	140e	Bordeaux.
Castelnau	19	18,180	Bordeaux.	140e	Bordeaux.
Castillon	14	11,658	Libourne.	139e	Libourne.
Ciers-la-Lande (Saint-)	11	13,905	Libourne.	139e	Blaye.
Coutras	12	13,209	Libourne.	139e	Libourne.
Créon	28	17,412	Bordeaux.	140e	Bordeaux.
Foy-la-Grande (Sainte-)	15	11,623	Libourne.	139e	Libourne.
Fronsac	18	11,514	Libourne.	139e	Libourne.
Grignols	10	5,290	Bordeaux.	140e	Bazas.
Guitres	13	11,913	Libourne.	139e	Libourne.
Langon	13	12,956	Bordeaux.	140e	Bazas.
Laurent (St-) et Benon	8	5,392	Bordeaux.	140e	Lesparre.
Lesparre	15	18,906	Bordeaux.	140e	Lesparre.
Libourne	10	25,798	Libourne.	139e	Libourne.
Lussac	16	9,892	Libourne.	139e	Libourne.
Macaire (Saint-)	14	9,883	Libourne.	139e	La Réole.
Monségur	15	6,971	Libourne.	139e	La Réole.
Pauillac	6	11,728	Bordeaux.	140e	Lesparre.
Pellegrue	10	5,014	Libourne.	139e	La Réole.
Pessac	8	14,583	Bordeaux.	140e	Bordeaux.
Podensac	13	17,208	Bordeaux.	140e	Bordeaux.
Pujols	16	9,743	Libourne.	139e	Libourne.
Réole (La)	24	14,900	Libourne.	139e	La Réole.
Sauveterre	21	8,619	Libourne.	139e	La Réole.
Savin (Saint-)	16	15,236	Libourne.	139e	Blaye.
Symphorien (Saint-)	7	5,820	Bordeaux.	140e	Bazas.
Targon	19	6,574	Libourne.	139e	La Réole.
Teste (La)	4	12,471	Bordeaux.	140e	Bordeaux.
Villandraut	8	8,649	Bordeaux.	140e	Bazas.
Vivien (Saint-)	6	6,828	Bordeaux.	140e	Lesparre.
48	551	705,149			6

HAUTE-GARONNE.

XVIIe RÉGION. (Chef-lieu : Toulouse.)

27e LÉGION DE GENDARMERIE. (Chef-lieu : Toulouse.)

SUBDIVISIONS . . { 5e Toulouse . . . . . . 133e régiment territorial d'infanterie.
6e Foix. . . . . 134e idem.
8e Saint-Gaudens. . . . 136e idem.

CANTONS.	NOMBRE de communes.	POPULATION cantonale.	SUBDIVISIONS.	NUMÉRO du régiment territorial d'infanterie.	ARRONDISSEMENTS.
Aspet.	22	16,748	Saint-Gaudens.	136^{e}	Saint-Gaudens.
Aurignac	19	10,687		136^{e}	
Auterive.	11	9,641	Toulouse.	133^{e}	Muret.
Bagnères-de-Luchon . . .	31	9,666		136^{e}	
Béat (Saint)	23	11,097		136^{e}	Saint-Gaudens.
Bertrand (Saint-).	23	12,619	Saint-Gaudens.	136^{e}	
Boulogne.	24	11,358		136^{e}	
Cadours.	16	7,652	Toulouse.	133^{e}	Toulouse.
Caraman	19	9,556		133^{e}	Villefranche.
Carbonne	11	8,739	Saint-Gaudens.	136^{e}	Muret.
Castanet.	15	4,845	Toulouse.	133^{e}	Toulouse.
Cazères.	16	10,955	Saint-Gaudens.	136^{e}	
Cintegabelle.	6	7,662	Foix.	134^{e}	Muret.
Fousseret (Le).	15	7,831	Saint-Gaudens.	136^{e}	
Fronton.	18	12,142	Toulouse.	133^{e}	Toulouse.
Gaudens (Saint-)	21	18,520	Saint-Gaudens.	136^{e}	Saint-Gaudens.
Grenade	13	11,054	Toulouse.	133^{e}	Toulouse.
Isle-en-Dodon (L')	23	11,566	Saint-Gaudens.	136^{e}	Saint-Gaudens.
Lanta.	10	5,295		133^{e}	Villefranche.
Léguevin.	10	5,663	Toulouse.	133^{e}	Toulouse.
Lys (Saint-).	11	6,644		133^{e}	Muret.
Martory (Saint-).	12	5,706	Saint-Gaudens.	136^{e}	Saint-Gaudens.
Montastruc.	12	7,689	Toulouse.	133^{e}	Toulouse.
Montesquieu-Volvestre .	10	7,920	Saint-Gaudens.	136^{e}	Muret.
Montgiscard	20	9,183	Toulouse.	133^{e}	Villefranche.
Montréjeau.	16	12,169	Saint-Gaudens.	136^{e}	Saint-Gaudens.
Muret.	20	13,480		133^{e}	Muret.
Nailloux	10	8,466	Toulouse.	133^{e}	Villefranche.
Revel.	13	12,199		133^{e}	
Rieumes.	16	8,271		136^{e}	Muret.
Rieux.	10	5,902	Saint-Gaudens.	136^{e}	
Salies-du-Salat.	21	11,822		136^{e}	Saint-Gaudens.
Toulouse. Centre	9	42,550		133^{e}	
Toulouse. Nord.	8	40,016		133^{e}	
Toulouse. Ouest.	9	24,281		134^{e}	Toulouse.
Toulouse. Sud.	11	36,416	Toulouse (1).	133^{e}	
Verfeil.	7	4,679		133^{e}	
Villefranche.	21	12,411		133^{e}	Villefranche.
Villemur	5	6,259		133^{e}	Toulouse.
39	584	479,362			4

(1) Les hommes de l'armée territoriale du canton ouest entier et du canton sud intra font partie du 134e régiment, à Foix.

HÉRAULT.

XVIe RÉGION. (Chef-lieu : Montpellier.)

25e LÉGION DE GENDARMERIE. (Chef-lieu : Montpellier.)

SUBDIVISIONS . . { 1er Béziers. . . . . . . 121e régiment territorial d'infanterie.
2e Montpellier . . . . 122e idem.

CANTONS.	NOMBRE de communes.	POPULATION cantonale.	SUBDIVISIONS.	NUMÉRO du régiment territorial d'infanterie.	ARRONDISSEMENTS.
Agde	4	17,304	Béziers.	121e	Béziers.
Aniane	7	6,432	Montpellier.	122e	Montpellier.
Bédarieux	8	14,113		121e	
Béziers. 1er canton	9	20,911	Béziers.	121e	Béziers.
Béziers. 2e canton	8	25,679		121e	
Capestang	9	11,073		121e	
Castries	20	9,414		122e	Montpellier.
Caylar (Le)	8	3,157	Montpellier.	122e	Lodève.
Cette	1	25,826		122e	Montpellier.
Chinian (Saint-)	11	10,235	Béziers.	121e	Saint-Pons.
Clapet	9	2,109		122e	Montpellier.
Clermont-l'Hérault	15	13,523	Montpellier.	122e	Lodève.
Florensac	4	7,235	Béziers.	121e	Béziers.
Frontignan	5	6,628	Montpellier.	122e	Montpellier.
Ganges	9	9,258		122e	
Gervais (Saint-)	11	8,439	Béziers.	121e	Béziers.
Gignac	21	15,721		122e	
Lodève	16	15,166		122e	Lodève.
Lunas	13	6,971		122e	
Lunel	12	15,022		122e	
Martin-de-Londres (St-)	10	4,068	Montpellier.	122e	
Matelles (Les)	14	3,887		122e	Montpellier.
Mauguio	4	5,200		122e	
Mèze	7	17,557		122e	
Montagnac	12	10,321	Béziers.	121e	Béziers.
Montpellier. 1er canton	1	16,955		121e	
Montpellier. 2e canton	7	31,598	Montpellier (1).	121e	Montpellier.
Montpellier. 3e canton	12	23,530		121e	
Murviel	11	9,029		121e	Béziers.
Olargues	13	9,915		121e	Saint-Pons.
Olonzac	13	8,702		121e	
Pézénas	5	12,910	Béziers.	121e	Béziers.
Pons (Saint-)	7	10,476		121e	Saint-Pons.
Roujan	11	7,751		121e	Béziers.
Salvetat (La)	3	6,076		121e	Saint-Pons.
Servian	8	7,687		121e	Béziers.
36	335	429,878			4

(1) Les hommes de l'armée territoriale des cantons de Montpellier sont affectés au 121e régiment, à Béziers.

ILLE-ET-VILAINE.

Xe RÉGION.
(Chef-lieu : RENNES.)

14e LÉGION DE GENDARMERIE.
(Chef-lieu : RENNES.)

SUBDIVISIONS . .
- 3e RENNES . . . . 75e régiment territorial d'infanterie.
- 4e VITRÉ. . . . . 76e idem.
- 6e SAINT-MALO. . . . . . 78e idem.

CANTONS.	NOMBRE de communes.	POPULATION cantonale.	SUBDIVISIONS.	NUMÉRO du régiment territorial d'infanterie.	ARRONDISSEMENTS.
ANTRAIN.	10	16,546	Vitré.	76^e^	Vitré.
ARGENTRÉ.	9	12,440		76^e^	
AUBIN D'AUBIGNÉ (SAINT-).	14	16,246	Rennes.	75^e^	Rennes.
AUBIN-DU-CORMIER (S^t^-) . .	10	10,764	Vitré.	76^e^	Fougères.
BAIN.	7	16,407	Rennes.	75^e^	Redon.
BÉCHEREL.	10	10,822		75^e^	Montfort.
BRICE-EN-COGLES (SAINT-).	11	14,553	Vitré.	76^e^	Fougères.
CANCALE	6	16,664	Saint-Malo.	78^e^	Saint-Malo.
CHATEAUBOURG	9	7,871	Vitré.	76^e^	Vitré.
CHATEAUGIRON.	10	10,749	Rennes.	75^e^	Rennes.
CHATEAUNEUF	8	11,545		78^e^	
COMBOURG.	10	15,858	Saint-Malo.	78^e^	Saint-Malo.
DOL.	8	16,596		78^e^	
FOUGÈRES. Nord.	10	15,609	Vitré.	76^e^	Fougères.
FOUGÈRES. Sud.	9	13,361		76^e^	
GRAND-FOUGERAY (LE). .	2	7,145	Rennes.	75^e^	Redon.

CANTONS.		NOMBRE de communes.	POPULATION cantonale.	SUBDIVISIONS.	NUMÉRO du régiment territorial d'infanterie.	ARRONDISSEMENTS.
GUERCHE (LA)		11	14,950	Vitré.	76e	Vitré.
GUICHEN		8	16,076	Rennes.	75e	Redon.
HÉDÉ		11	10,303	Rennes.	75e	Rennes.
JANZÉ		6	13,969	Rennes.	75e	Rennes.
LIFFRÉ		7	11,206	Rennes.	75e	Rennes.
LOUVIGNÉ-DU-DÉSERT		8	13,236	Vitré.	76e	Fougères.
MALO (SAINT-)		2	15,720	Saint-Malo.	78e	Saint-Malo.
MAURE		9	9,438	Rennes.	75e	Redon.
MÉEN (SAINT-)		9	11,216	Rennes.	75e	Montfort.
MONTAUBAN		8	9,174	Rennes.	75e	Montfort.
MONTFORT-SUR-MEU		11	15,283	Rennes.	75e	Montfort.
MORDELLES		7	7,297	Rennes.	75e	Rennes.
PIPRIAC		9	14,403	Rennes.	75e	Redon.
PLÉLAN		8	14,257	Rennes.	75e	Montfort.
PLEINE-FOUGÈRES		10	15,023	Saint-Malo.	78e	Saint-Malo.
PLEURTUIT		5	12,802	Saint-Malo.	78e	Saint-Malo.
REDON		6	16,213	Rennes (1).	75e	Redon.
RENNES	Nord-Est	8	21,323	Rennes (1).	75e	Rennes.
RENNES	Nord-Ouest	3	20,716	Rennes (1).	76e	Rennes.
RENNES	Sud-Est	5	19,026	Rennes (1).	76e	Rennes.
RENNES	Sud-Ouest	10	19,391	Rennes (1).	75e	Rennes.
RETIERS		10	15,691	Vitré.	76e	Vitré.
SEL (LE)		7	6,197	Rennes.	75e	Redon.
SERVAN (SAINT-)		3	14,955	Saint-Malo.	78e	Saint-Malo.
TINTÉNIAC		10	11,208	Saint-Malo.	78e	Saint-Malo.
VITRÉ	Est	10	13,528	Vitré.	76e	Vitré.
VITRÉ	Ouest	13	13,255	Vitré.	76e	Vitré.
43		352	589,532			6

1. Les hommes de l'armée territoriale des cantons de Rennes sont affectés, savoir : ceux de Renne nord-est et Rennes sud-ouest au 75e régiment, à Rennes ; ceux de Rennes nord-ouest et de Rennes sud-est au 76e régiment, à Vitré.

INDRE.

IXe RÉGION.

(Chef-lieu: Tours.)

12e LÉGION DE GENDARMERIE.

(Chef-lieu : Tours.)

SUBDIVISIONS . . { 1re Châteauroux . . . . 65e régiment territorial d'infanterie.
2e Le Blanc. . . . . . 66e idem.

CANTONS.	NOMBRE de communes.	POPULATION cantonale.	SUBDIVISIONS.	NUMÉRO du régiment territorial d'infanterie.	ARRONDISSEMENTS.
Aigurande	9	12,941	Châteauroux.	65e	La Châtre.
Ardentes	9	8,389	Châteauroux.	65e	Châteauroux.
Argenton	10	13,654	Châteauroux.	65e	Châteauroux.
Bélabre	7	9,179	Le Blanc.	66e	Le Blanc.
Benoit-du-Sault (Saint-)	14	12,606	Le Blanc.	66e	Le Blanc.
Blanc (Le)	9	13,519	Le Blanc.	66e	Le Blanc.
Buzençais	10	15,230	Châteauroux.	65e	Châteauroux.
Chateauroux	10	27,724	Châteauroux.	65e	Châteauroux.
Chatillon	10	11,186	Le Blanc.	66e	Châteauroux.
Chatre (La)	19	19,376	Châteauroux.	65e	La Châtre.
Christophe-en-Bazeille (Saint-)	11	11,505	Châteauroux.	65e	Issoudun.
Écueillé	10	7,267	Le Blanc.	66e	Châteauroux.
Éguzon	9	8,009	Châteauroux.	65e	La Châtre.
Gaultier (Saint-)	8	7,593	Le Blanc.	66e	Le Blanc.
Issoudun . (Nord	11	15,052	Châteauroux.	65e	Issoudun.
Issoudun . (Sud	14	16,176	Châteauroux.	65e	Issoudun.
Levroux	12	10,782	Châteauroux.	65e	Châteauroux.
Mézières-en-Brenne	8	7,673	Le Blanc.	66e	Le Blanc.
Neuvy-Saint-Sépulcre	12	11,335	Châteauroux.	65e	La Châtre.
Sévère (Sainte)	10	7,682	Châteauroux.	65e	La Châtre.
Tournon	10	8,331	Le Blanc.	66e	Le Blanc.
Valençay	10	12,949	Châteauroux.	65e	Châteauroux.
Vatan	14	9,535	Châteauroux.	65e	Issoudun.
23	245	277,693			4

INDRE-ET-LOIRE.

IXe RÉGION.
(Chef-lieu : Tours.)

12e LÉGION DE GENDARMERIE.
(Chef-lieu : Tours.)

SUBDIVISIONS . .
- 2e Le Blanc . . . . 66e régiment territorial d'infanterie.
- 5e Chatellerault. . . . 69e idem.
- 6e Tours . . . . 70e idem.

CANTONS.	NOMBRE de communes.	POPULATION cantonale.	SUBDIVISIONS.	NUMÉRO du régiment territorial d'infanterie.	ARRONDISSEMENTS.
Amboise.	15	15,364	Tours.	70e	Tours.
Azay-le-Rideau.	12	12,651	Châtellerault.	69e	Chinon.
Bléré.	15	16,028	Tours.	70e	Tours.
Bourgueil	6	14,129	Tours.	70e	Chinon.
Chateau-la-Vallière. . .	15	10,668	Tours.	70e	Tours.
Chateaurenault	15	12,374	Tours.	70e	Tours.
Chinon	13	16,192	Châtellerault.	69e	Chinon.
Grand-Préssigny (Le). . .	9	9,044	Le Blanc.	66e	Loches.
Haye-Descartes (La). . .	10	8,552	Le Blanc.	66e	Loches.
Isle-Bouchard (L'). . . .	16	8,955	Châtellerault.	69e	Chinon.
Langeais	11	12,895	Tours.	70e	Chinon.
Ligueil.	13	9,530	Le Blanc.	66e	Loches.
Loches.	18	17,140	Le Blanc.	66e	Loches.
Maure (Sainte-)	12	9,100	Châtellerault.	69e	Chinon.
Montbazon	14	11,517	Tours.	70e	Tours.
Montrésor	10	9,005	Le Blanc.	66e	Loches.
Neuillé-Pont-Pierre. . .	10	8,334	Tours.	70e	Tours.
Neuvy-le-Roi.	11	8,686	Tours.	70e	Tours.
Preuilly	8	9,718	Le Blanc.	66e	Loches.
Richelieu.	17	11,958	Châtellerault.	69e	Chinon.
Tours. Centre	1	21,224	Tours.	70e	Tours.
Tours. Nord	9	14,738	Tours.	70e	Tours.
Tours. Sud	12	33,523	Tours.	70e	Tours.
Vouvray	11	12,702	Tours.	70e	Tours.
24	281	317,027			3

ISÈRE.

XIVe RÉGION.
(Chef-lieu : GRENOBLE.)

20e LÉGION DE GENDARMERIE.
(Chef-lieu : LYON.)

SUBDIVISIONS . .
- 1re GRENOBLE. . . . . . 105e régiment territorial d'infanterie.
- 2e BOURGOIN. . . . . . 106e idem.
- 3e VIENNE . . . . 109e idem.

CANTONS.	NOMBRE de communes.	POPULATION cantonale.	SUBDIVISIONS.	NUMÉRO du régiment territorial d'infanterie.	ARRONDISSEMENTS.
ALLEVARD.	6	8,182	Grenoble.	105[e]	Grenoble.
BEAUREPAIRE	15	11,469	Vienne.	109[e]	Vienne.
BOURG-D'OISANS (LE) . . .	20	14,132	Grenoble.	105[e]	Grenoble.
BOURGOIN.	12	20,636	Bourgoin.	106[e]	La Tour-du-Pin.
CLELLES.	8	3,868	Grenoble.	105[e]	Grenoble.
CORPS.	12	5,121		105[e]	
CÔTE-SAINT-ANDRÉ (LA). . .	14	13,150	Vienne.	109[e]	Vienne.
CRÉMIEU	26	17,968	Bourgoin.	106[e]	La Tour-du-Pin.
DOMÈNE.	11	9,275	Grenoble.	105[e]	Grenoble.
ÉTIENNE DE SAINT-GEOIRS (SAINT-).	13	11,585	Bourgoin.	106[e]	Saint-Marcellin.
GEOIRE (SAINT-).	8	9,367		106[e]	La Tour-du-Pin.
GONCELIN	12	11,639	Grenoble.	105[e]	Grenoble.
GRAND-LEMPS (LE)	13	12,958	Bourgoin.	106[e]	La Tour-du-Pin.
GRENOBLE. . Est.	10	22,143	Grenoble.	105[e]	Grenoble.
GRENOBLE. . Nord. . . .	8	18,461		105[e]	
GRENOBLE. . Sud.	9	20,878		105[e]	

CANTONS.	NOMBRE de communes.	POPULATION cantonale.	SUBDIVISIONS.	NUMÉRO du régiment territorial d'infanterie.	ARRONDISSEMENTS.
Heyrieu	11	11,673	Vienne.	109e	Vienne.
Jean-de-Bournay (Saint-)	15	14,065	Vienne.	109e	Vienne.
Laurent-du-Pont (Saint-)	7	10,200	Grenoble.	105e	Grenoble.
Marcellin (Saint-)	16	17,234	Bourgoin.	106e	Saint-Marcellin.
Mens	11	6,538	Grenoble.	105e	Grenoble.
Meyzieu	14	12,660	Vienne.	109e	Vienne.
Monestier-de-Clermont	11	4,310	Grenoble.	105e	Grenoble.
Morestel	19	21,074	Bourgoin.	106e	La Tour-du-Pin.
Mure (La)	20	13,257	Grenoble.	105e	Grenoble.
Pont-de-Beauvoisin (Le)	15	17,769	Bourgoin.	106e	La Tour-du-Pin.
Pont-en-Royans	12	7,395	Bourgoin.	106e	Saint-Marcellin.
Rives	12	15,808	Bourgoin.	106e	Saint-Marcellin.
Roussillon	21	16,630	Vienne.	109e	Vienne.
Roybon	11	8,366	Bourgoin.	106e	Saint-Marcellin.
Sassenage	7	6,173	Grenoble.	105e	Grenoble.
Symphorien d'Ozon (St-)	12	11,959	Vienne.	109e	Vienne.
Tour-du-Pin (La)	16	18,778	Bourgoin.	106e	La Tour-du-Pin.
Touvet (Le)	14	12,268	Grenoble.	105e	Grenoble.
Tullins	11	10,652	Bourgoin.	106e	Saint-Marcellin.
Valbonnais	10	5,493	Grenoble.	105e	Grenoble.
Verpillière (La)	16	13,467	Vienne.	109e	Vienne.
Vienne. Nord	7	18,813	Vienne.	109e	Vienne.
Vienne. Sud	10	23,212	Vienne.	109e	Vienne.
Vif	7	8,308	Grenoble.	105e	Grenoble.
Villard-de-Lans	5	5,509	Grenoble.	105e	Grenoble.
Vinay	11	9,339	Bourgoin.	106e	Saint-Marcellin.
Virieu	14	9,440	Bourgoin.	106e	La Tour-du-Pin.
Vizille	16	13,558	Grenoble.	105e	Grenoble.
Voiron	10	21,004	Grenoble.	105e	Grenoble.
45	555	575,784			4

JURA.

VIIe RÉGION.
(Chef-lieu : BESANÇON.)

10e LÉGION DE GENDARMERIE.
(Chef-lieu : BOURG.)

SUBDIVISIONS . . { 5e LONS-LE-SAULNIER. . . 53e régiment territorial d'infanterie.
6e BESANÇON . . . . 54e idem.

CANTONS.	NOMBRE de communes.	POPULATION cantonale.	SUBDIVISIONS.	NUMÉRO du régiment territorial d'infanterie.	ARRONDISSEMENTS.
AMOUR (SAINT-)	16	6,871	Lons-le-Saulnier.	53[e]	Lons-le-Saulnier.
ARBOIS	15	10,390		53[e]	Poligny.
ARINTHOD.	26	8,573		53[e]	Lons-le-Saulnier.
BEAUFORT.	19	9,991		53[e]	
BLETTERANS.	12	9,776		53[e]	
BOUCHOUX (LES).	12	5,131		53[e]	Saint-Claude.
CHAMPAGNOLE.	31	12,293		53[e]	Poligny.
CHAUMERGY	16	4,973		53[e]	Dôle.
CHAUSSIN	20	9,163		53[e]	
CHEMIN	11	7,953	Besançon.	54[e]	
CLAIRVAUX	24	6,203	Lons-le-Saulnier.	53[e]	Lons-le-Saulnier.
CLAUDE (SAINT-).	24	17,337		53[e]	Saint-Claude.
CONLIÈGE.	18	7,878		53[e]	Lons-le-Saulnier.
DAMPIERRE	15	8,649	Besançon.	54[e]	Dôle.
DÔLE	16	18,385		54[e]	
GENDREY	14	4,104		54[e]	
JULIEN (SAINT-)	19	5,234	Lons-le-Saulnier.	53[e]	Lons-le-Saulnier.
LAURENT (SAINT-).	19	7,117		53[e]	Saint-Claude.
LONS-LE-SAULNIER.	19	20,449		53[e]	Lons-le-Saulnier.
MOIRANS.	17	5,569		53[e]	Saint-Claude.
MONTBARREY	13	6,248		53[e]	Dôle.
MONTMIREY-LE-CHATEAU. .	14	6,120	Besançon.	54[e]	
MOREZ.	10	14,886	Lons-le-Saulnier.	53[e]	Saint-Claude.
NOZEROY	30	8,054		53[e]	Poligny.
ORGELET	27	7,928		53[e]	Lons-le-Saulnier.
PLANCHES (LES).	10	3,669		53[e]	Poligny.
POLIGNY.	30	15,585		53[e]	
ROCHEFORT.	19	5,925	Besançon.	54[e]	Dôle.
SALINS	24	11,350	Lons-le-Saulnier.	53[e]	Poligny.
SELLIÈRES.	13	7,980		53[e]	Lons-le-Saulnier.
VILLERS-FARLAY.	12	5,500		53[e]	Poligny.
VOITEUR.	19	8,350		53[e]	Lons-le-Saulnier.
32	581	287,634			4

LANDES.

XVIIIe RÉGION. (Chef-lieu : BORDEAUX.)

29e LÉGION DE GENDARMERIE. (Chef-lieu : BORDEAUX.)

SUBDIVISIONS . . { 5e MONT-DE-MARSAN . . . 141e régiment territorial d'infanterie.
6e BAYONNE. . . . . 142e idem.

CANTONS.	NOMBRE de communes.	POPULATION cantonale.	SUBDIVISIONS.	NUMÉRO du régiment territorial d'infanterie.	ARRONDISSEMENTS.
AIRE	11	11,132	Mont-de-Marsan.	141	Saint-Sever.
AMOU	16	11,851	Mont-de-Marsan.	141^{e}	Saint-Sever.
ARJUZANX	9	9,782	Mont-de-Marsan.	141	Mont-de-Marsan.
CASTETS	10	12,416	Mont-de-Marsan.	141^{e}	Dax.
DAX	21	24,753	Bayonne.	142^{e}	Dax.
GABARRET	15	8,814	Mont-de-Marsan.	141^{e}	Mont-de-Marsan.
GEAUNE	17	7,888	Mont-de-Marsan.	141	Saint-Sever.
GRENADE	10	7,719	Mont-de-Marsan.	141^{e}	Mont-de-Marsan.
HAGETMAU	18	10,916	Mont-de-Marsan.	141^{e}	Saint-Sever.
LABRIT	9	6,454	Mont-de-Marsan.	141^{e}	Mont-de-Marsan.
MARTIN-DE-SEIGNAUX (St-)	8	8,973	Bayonne.	142^{e}	Dax.
MIMIZAN	6	6,555	Mont-de-Marsan.	141^{e}	Mont-de-Marsan.
MONT-DE-MARSAN	17	19,207	Mont-de-Marsan.	141	Mont-de-Marsan.
MONTFORT	22	13,797	Mont-de-Marsan.	141	Dax.
MUGRON	12	9,161	Mont-de-Marsan.	141^{e}	Saint-Sever.
PEYREHORADE	13	12,150	Bayonne.	142^{e}	Dax.
PARENTIS-EN-BORN	6	7,888	Mont-de-Marsan.	141^{e}	Mont-de-Marsan.
PISSOS	8	6,563	Mont-de-Marsan.	141^{e}	Mont-de-Marsan.
POUILLON	11	13,999	Bayonne.	142^{e}	Dax.
ROQUEFORT	13	12,981	Mont-de-Marsan.	141^{e}	Mont-de-Marsan.
SABRES	8	8,915	Mont-de-Marsan.	141	Mont-de-Marsan.
SEVER (SAINT-)	15	14,089	Mont-de-Marsan.	141^{e}	Saint-Sever.
SORE	4	4,574	Mont-de-Marsan.	141^{e}	Mont-de-Marsan.
SOUSTONS	11	10,203	Bayonne.	142^{e}	Dax.
TARTAS . Est	8	7,294	Mont-de-Marsan.	141^{e}	Saint-Sever.
TARTAS . Ouest	11	11,612	Mont-de-Marsan.	141^{e}	Saint-Sever.
VILLENEUVE	12	9,835	Mont-de-Marsan.	141^{e}	Mont-de-Marsan.
VINCENT-DE-TYROSSE (St-)	11	10,777	Bayonne.	142^{e}	Dax.
28	331	300,528			3

LOIR-ET-CHER.

Ve RÉGION.
(Chef-lieu : ORLÉANS.)

6e LÉGION DE GENDARMERIE.
(Chef-lieu : ORLÉANS.)

SUBDIVISION . . . 7e BLOIS . . . . 39e régiment territorial d'infanterie.

CANTONS.	NOMBRE de communes.	POPULATION cantonale.	SUBDIVISION.	NUMÉRO du régiment territorial d'infanterie.	ARRONDISSEMENTS.
AIGNAN (SAINT-)	15	17,280			Blois.
AMAND (SAINT-)	14	6,473			Vendôme.
BLOIS. Est.	8	15,009			Blois.
BLOIS. Ouest.	9	16,690			Id.
BRACIEUX	14	11,871			Id.
CONTRES	17	14,752			Id.
DROUÉ	12	7,263			Vendôme.
HERBAULT	21	13,975			Blois.
MARCHENOIR	18	10,420			Id.
MENNETOU-SUR-CHER	8	6,395			Romorantin.
MER	11	11,801			Blois.
MONDOUBLEAU	14	9,973			Vendôme.
MONTOIRE	19	12,008	Blois.	39e	Id.
MONTRICHARD	13	16,571			Blois.
MORÉE	13	10,175			Vendôme.
MOTTE-BEUVRON (LA)	7	8,108			Romorantin.
NEUNG-SUR-BEUVRON	8	5,819			Id.
OUZOUER-LE-MARCHÉ	14	9,019			Blois.
ROMORANTIN	9	14,502			Romorantin.
SALBRIS	9	10,406			Id.
SAVIGNY	8	8,314			Vendôme.
SELLES-SUR-CHER	8	10,067			Romorantin.
SELOMMES	16	5,241			Vendôme.
VENDÔME	13	16,759			Id.
24	297	268,801			3

LOIRE.

XIIIe RÉGION.
(Chef-lieu : CLERMONT-FERRAND.)

19e LÉGION DE GENDARMERIE.
(Chef-lieu : SAINT-ÉTIENNE).

SUBDIVISIONS . . { 6e SAINT-ÉTIENNE . . . . 102e régiment territorial d'infanterie.
7e MONTBRISON . . . . . 103e idem.
8e ROANNE . . . . 104e idem.

CANTONS.	NOMBRE de communes.	POPULATION cantonale.	SUBDIVISIONS.	NUMÉRO du régiment territorial d'infanterie.	ARRONDISSEMENTS.
BELMONT	9	13,873	Roanne.	104e	Roanne.
BOËN	22	14,465	Montbrison.	103e	Montbrison.
BONNET-LE-CHATEAU (St-) .	11	15,272		103e	
BOURG-ARGENTAL	8	10,738	Saint-Étienne.	102e	Saint-Étienne.
CHAMBON-FEUGEROLLES . .	11	35,036		102e	
CHAMOND (SAINT-)	8	29,576		102e	
CHARLIEU	14	17,909	Roanne.	104e	Roanne.
ÉTIENNE (St-) Nord-est . .	4	39,453	Saint-Étienne.	102e	Saint-Étienne.
ÉTIENNE (St-) Nord-ouest .	1	19,385		102e	
ÉTIENNE (St-) Sud-est. . .	2	38,933		102e	
ÉTIENNE (St-) Sud-ouest. .	1	25,809		102e	
FEURS	18	19,971	Montbrison.	103e	Montbrison.
GALMIER (SAINT-)	21	22,216		103e	
GENEST-MALIFAUX (St-). .	7	8,221	Saint-Étienne.	102e	Saint-Étienne.
GEORGES-EN-COUZAN (St). .	9	7,957	Montbrison.	103e	Montbrison.
GERMAIN-LAVAL (SAINT-) .	15	10,744	Roanne.	104e	Roanne.
HAON-LE-CHATEL (SAINT-).	12	12,173		104e	
HÉAND (SAINT-)	9	13,096	Saint-Étienne.	102e	Saint-Étienne.
JEAN-SOLEYMIEUX (SAINT-).	14	9,616	Montbrison.	103e	Montbrison.
JUST-EN-CHEVALET (SAINT-)	8	10,393	Roanne.	104e	Roanne.
MONTBRISON.	20	18,709	Montbrison.	103e	Montbrison.
NÉRONDE	10	12,620	Roanne.	104e	Roanne.
NOIRÉTABLE.	10	8,264	Montbrison.	103e	Montbrison.
PACAUDIÈRE (LA)	9	9,111	Roanne.	104e	Roanne.
PÉLUSSIN	13	13,717	Saint-Étienne.	102e	Saint-Étienne.
PERREUX	9	11,004	Roanne.	104e	Roanne.
RAMBERT (SAINT-).	14	15,248	Montbrison.	103e	Montbrison.
RIVE-DE-GIER	16	34,958	Saint-Étienne.	102e	Saint-Étienne.
ROANNE.	11	30,038	Roanne.	104e	Roanne.
SYMPHORIEN-DE-LAY (St-) .	15	22,110		104e	
30	328	550,611			3

HAUTE-LOIRE.

XIIIe RÉGION.
(Chef-lieu : CLERMONT-FERRAND).

19e LÉGION DE GENDARMERIE.
(Chef-lieu : SAINT-ÉTIENNE).

SUBDIVISIONS . . { 1e AURILLAC . . . . . . 100e régiment territorial d'infanterie.
5e LE PUY . . . . 101e idem. }

CANTONS.	NOMBRE de communes.	POPULATION cantonale.	SUBDIVISIONS.	NUMÉRO du régiment territorial d'infanterie.	ARRONDISSEMENTS.
Allègre	7	8,796	Le Puy.	101[e]	Le Puy.
Auzon	12	11,579	Aurillac.	100[e]	Brioude.
Bas	8	12,131	Le Puy.	101[e]	Yssingeaux.
Blesle	10	5,105	Aurillac.	100[e]	Brioude.
Brioude	15	14,461		100[e]	
Cayres	7	4,773	Le Puy.	101[e]	Le Puy.
Chaise-Dieu (La)	13	10,275	Aurillac.	100[e]	Brioude.
Craponne	6	9,377		101[e]	Le Puy.
Didier-la-Seauve (S[t]-)	8	15,790		101[e]	Yssingeaux.
Fay-le-Froid	6	7,200		101[e]	Le Puy.
Julien-Chapteuil (S[t]-)	8	11,740		101[e]	
Langeac	15	13,562		101[e]	Brioude.
Loudes	9	8,002		101[e]	Le Puy.
Monastier (Le)	11	12,901		101[e]	
Monistrol-sur-Loire	6	13,650		101[e]	Yssingeaux.
Montfaucon	7	10,789		101[e]	
Paulhaguet	19	11,974	Le Puy.	101[e]	Brioude.
Paulien (Saint-)	7	7,440		101[e]	Le Puy.
Pinols	9	4,591		101[e]	Brioude.
Pradelles	12	9,349		101[e]	Le Puy.
Puy (Le). Nord-ouest	9	19,112		101[e]	
Puy (Le). Sud-est	7	16,159		101[e]	
Saugues	14	11,704		101[e]	
Solignac-sur-Loire	5	5,366		101[e]	
Tence	5	13,073		101[e]	Yssingeaux.
Vorey	7	10,828		101[e]	Le Puy.
Voute-Chilhac (La)	13	8,051	Aurillac.	100[e]	Brioude.
Yssingeaux	8	20,951	Le Puy.	101[e]	Yssingeaux.
28	262	308,732			3

LOIRE-INFÉRIEURE.

XIe RÉGION. (Chef-lieu : NANTES.)

15e LÉGION DE GENDARMERIE. (Chef-lieu : NANTES.)

SUBDIVISIONS . . { 1re NANTES. . . . . 81e régiment territorial d'infanterie.
2e ANCENIS . . . . 82e idem.

CANTONS.	NOMBRE de communes.	POPULATION cantonale.	SUBDIVISIONS.	NUMÉRO du régiment territorial d'infanterie.	ARRONDISSEMENTS.
AIGREFEUILLE.	7	14,382	Ancenis.	82^e	Nantes.
ANCENIS.	7	14,458	Ancenis.	82^e	Ancenis.
BLAIN.	5	16,983	Nantes.	81^e	Saint-Nazaire.
BOUAYE.	7	16,674	Nantes.	81^e	Nantes.
BOURGNEUF	6	8,099	Nantes.	81^e	Paimbœuf.
CARQUEFOU	5	9,155	Ancenis.	82^e	Nantes.
CHAPELLE-SUR-ERDRE (LA).	6	11,926	Nantes.	81^e	Nantes.
CHATEAUBRIANT.	4	10,902	Ancenis.	82^e	Châteaubriant.
CLISSON.	7	12,380	Ancenis.	82^e	Nantes.
CROISIC (LE)	3	7,046	Nantes.	81^e	Saint-Nazaire.
DERVAL.	6	11,387	Ancenis.	82^e	Châteaubriant.
ÉTIENNE DE MONTLUC (S^t-).	5	15,615	Nantes.	81^e	Saint-Nazaire.
GILDAS-DES-BOIS (SAINT-) .	5	11,657	Nantes.	81^e	Saint-Nazaire.
GUÉMÉNÉ-PENFAO	5	11,365	Nantes.	81^e	Saint-Nazaire.
GUÉRANDE.	7	16,027	Nantes.	81^e	Saint-Nazaire.
HERBIGNAC	4	9,445	Nantes.	81^e	Saint-Nazaire.

CANTONS.	NOMBRE de communes.	POPULATION cantonale.	SUBDIVISIONS.	NUMÉRO du régiment territorial d'infanterie.	ARRONDISSEMENTS.
JULIEN-DE-VOUVANTES (St-).	5	8,335	Ancenis.	82e	Châteaubriant.
LÉGÉ	4	8,980	Nantes.	81e	Nantes.
LIGNÉ	4	8,487	Ancenis.	82e	Ancenis.
LOROUX-BOTTEREAU (LE)	7	16,444		82e	Nantes.
MACHECOUL	6	10,362	Nantes.	81e	
MARS-LA-JAILLE (SAINT-)	6	8,691	Ancenis.	82e	Ancenis.
MOISDON	5	8,915		82e	Châteaubriant.
NANTES. 1er canton	1	23,104		81e	
NANTES. 2e canton	1	21,115		81e	
NANTES. 3e canton	1	15,436		81e	Nantes.
NANTES. 4e canton	2	22,232	Nantes.	81e	
NANTES. 5e canton	1	23,562		81e	
NANTES. 6e canton	4	31,319		81e	
NAZAIRE (SAINT-)	3	24,815		81e	Saint-Nazaire.
NICOLAS-DE-REDON (SAINT-)	4	13,688		81e	
NORT	6	15,972	Ancenis.	82e	Châteaubriant.
NOZAY	6	15,830		82e	
PAIMBŒUF	3	5,117		81e	
PELLERIN (LE)	7	14,225		81e	Paimbœuf.
PÈRE-EN-RETZ (SAINT-)	4	9,282	Nantes.	81e	
PHILBERT-DE-GRANDlieu (St)	5	10,768		81e	Nantes.
PONT-CHATEAU	5	12,657		81e	Saint-Nazaire.
PORNIC	6	10,301		81e	Paimbœuf.
RIAILLÉ	5	9,156	Ancenis.	82e	Ancenis.
ROUGÉ	5	5,799		82e	Châteaubriant.
SAVENAY	8	15,312	Nantes.	81e	Saint-Nazaire.
VALLET	5	11,059		82e	Nantes.
VARADES	5	9,981	Ancenis.	82e	Ancenis.
VERTOU	7	13,770		82e	Nantes.
45	215	602,206			5

LOIRET.

Ve RÉGION.
(Chef-lieu : Orléans.)

6e LÉGION DE GENDARMERIE.
(Chef-lieu : Orléans.)

SUBDIVISIONS . . { 6e Montargis . . . . . . 38e régiment territorial d'infanterie.
{ 8e Orléans . . . . 40e idem.

CANTONS.		NOMBRES de communes.	POPULATION cantonale.	SUBDIVISIONS.	NUMÉRO du régiment territorial d'infanterie.	ARRONDISSEMENTS.
Artenay		11	6,695		40e	Orléans.
Beaugency		7	12,279	Orléans.	40e	
Beaune-la-Rolande		19	14,697		40e	Pithiviers
Bellegarde		12	7,521	Montargis.	38e	Montargis.
Briare		14	14,255		38e	Gien.
Chateauneuf-sur-Loire		12	12,370	Orléans.	40e	Orléans.
Chateau-Renard		10	12,235		38e	Montargis.
Chatillon-sur-Loire		6	9,968	Montargis.	38e	Gien.
Chatillon-sur-Loing		13	12,085		38e	Montargis.
Cléry		5	6,322	Orléans.	40e	Orléans.
Courtenay		15	8,960	Montargis.	38e	Montargis.
Ferrières		17	11,593		38e	
Ferté-Saint-Aubin (La)		7	8,378	Orléans.	40e	Orléans.
Gien		12	16,018	Montargis.	38e	Gien.
Jargeau		9	10,189	Orléans.	40e	Orléans.
Lorris		13	8,041	Montargis.	38e	Montargis.
Malesherbes		18	7,581	Orléans.	40e	Pithiviers.
Meung-sur-Loire		9	10,377		40e	Orléans.
Montargis		15	18,870	Montargis.	38e	Montargis.
Neuville		10	9,574		40e	
Orléans	Est	1	20,750		40e	
	Ouest	1	12,385		40e	Orléans.
	Nord-est	10	11,437	Orléans.	40e	
	Nord-ouest	9	17,831		40e	
	Sud	7	13,373		40e	
Outarville		25	11,916		40e	Pithiviers.
Ouzouer-sur-Loire		7	6,659	Montargis.	38e	Gien.
Patay		13	6,653		40e	Orléans.
Pithiviers		23	18,101	Orléans.	40e	Pithiviers.
Puiseaux		13	7,279		40e	
Sully-sur-Loire		10	8,629	Montargis.	38e	Gien.
31		349	353,021			4

LOT.

XVIIe RÉGION.
(Chef-lieu : Toulouse.)

28e LÉGION DE GENDARMERIE.
(Chef-lieu : Agen.)

SUBDIVISIONS . . { 3e Cahors . . . . 131e régiment territorial d'infanterie.
{ 4e Montauban . . . . . 132e idem.

CANTONS.	NOMBRE de communes.	POPULATION cantonale.	SUBDIVISIONS.	NUMÉRO du régiment territorial d'infanterie.	ARRONDISSEMENTS.
Bastide-Murat (La) . . .	9	7,415	Cahors.	131e	Gourdon.
Bretenoux	16	11,412	Montauban.	132e	Figeac.
Cahors { Nord.	6	11,821		131e	Cahors.
Cahors { Sud	5	10,075	Cahors.	131e	
Cajarc	14	7,867		131e	Figeac.
Capelle-Marival (La) . .	19	13,568	Montauban.	132e	
Castelnau	7	7,975		131e	
Catus.	16	10,918	Cahors.	131e	Cahors.
Cazals	10	7,407		131e	
Céré (Saint-)	13	12,468		132e	
Figeac { Est.	12	13,200	Montauban.	132e	Figeac.
Figeac { Ouest.	10	10,656		132e	
Germain (Saint-)	10	7,757		131e	Gourdon.
Géry (Saint-).	8	5,336	Cahors.	131e	Cahors.
Gourdon	9	11,576		131e	Gourdon.
Gramat.	10	10,884	Montauban.	132e	
Lalbenque	13	10,342	Cahors.	131e	Cahors.
Latronquière	13	10,770	Montauban.	132e	Figeac.
Lauzès	12	7,315	Cahors.	131e	Cahors.
Limogne	12	9,306		131e	
Livernon.	17	8,334	Montauban.	132e	Figeac.
Luzech.	13	12,188	Cahors.	131e	Cahors.
Martel.	10	11,183	Montauban.	132e	Gourdon.
Montcuq	16	9,673		131e	Cahors.
Payrac	8	5,877		131e	Gourdon.
Puy-l'Évêque.	14	12,711	Cahors.	131e	Cahors.
Salviac.	6	6,432		131e	
Souillac	8	9,511	Montauban.	132e	Gourdon.
Vayrac.	7	7,397		132e	
29	321	281,404			3

LOT-ET-GARONNE.

XVIIe RÉGION.
(Chef-lieu : TOULOUSE).

28e LÉGION DE GENDARMERIE.
(Chef-lieu : AGEN.)

SUBDIVISIONS . . { 1re AGEN . . . . 129e régiment territorial d'infanterie.
2e MARMANDE. . . . . . . 130e idem.
3e CAHORS . . . . 131e idem.

CANTONS.	NOMBRE de communes.	POPULATION cantonale.	SUBDIVISIONS.	NUMÉRO du régiment territorial d'infanterie.	ARRONDISSEMENTS.
AGEN . . 1er canton . . .	5	12,693		129^e	
AGEN . . 2e canton . . .	5	15,736		129^e	
ASTAFFORT	8	8,713	Agen.	129^e	Agen.
BEAUVILLE	8	5,612		129^e	
BOUGLON	9	5,350		130^e	Marmande.
CANCON	10	8,163		130^e	Villeneuve.
CASTELJALOUX	7	6,919		130^e	Nérac.
CASTELMORON.	8	6,613	Marmande.	130^e	Marmande.
CASTILLONNÈS.	9	6,428		130^e	Villeneuve.
DAMAZAN	11	8,791		130^e	Nérac.
DURAS.	15	9,372		130^e	Marmande.
FRANCESCAS.	7	6,058	Agen.	129^e	Nérac.
FUMEL	7	9,967	Cahors.	131^e	Villeneuve.
HOUEILLÈS	7	4,172	Marmande.	130^e	Nérac.
LAPLUME	9	6,151		129^e	
LAROQUE-TIMBAUT	8	4,390	Agen.	129^e	Agen.
LAUZUN	17	11,668		130^e	Marmande.
LAVARDAC.	11	11,338		130^e	Nérac.
LIVRADE (SAINTE-).	4	5,291		130^e	Villeneuve.
MARMANDE	14	19,076		130^e	
MAS D'AGENAIS (LE)	8	8,136	Marmande.	130^e	Marmande.
MEILHAN	8	8,123		130^e	
MÉZIN.	11	9,692		130^e	Nérac.
MONCLAR	10	7,361		130^e	
MONTFLANQUIN	12	10,869	Cahors.	131^e	Villeneuve.
NÉRAC.	8	12,339	Agen.	129^e	Nérac.
PENNE	10	8,509	Marmande.	130^e	Villeneuve.
PORT-SAINTE-MARIE. . . .	11	11,457		129^e	
PRAYSSAS	9	7,003	Agen.	129^e	Agen.
PUYMIROL	10	6,067		129^e	
SEYCHES.	17	11,282		130^e	
TONNEINS	5	15,287	Marmande.	130^e	Marmande.
TOURNON	3	6,594	Cahors.	131^e	
VILLENEUVE-SUR-LOT . . .	6	16,935	Marmande.	130^e	Villeneuve.
VILLERÉAL	13	7,640	Cahors.	131^e	
35	319	319,289			4

LOZÈRE.

XVIe RÉGION. (Chef-lieu : MONTPELLIER.)

25e LÉGION DE GENDARMERIE. (Chef-lieu : MONTPELLIER.)

SUBDIVISION. . . 3e MENDE. . . . . 123e régiment territorial d'infanterie.

CANTONS.	NOMBRE de communes.	POPULATION cantonale.	SUBDIVISION.	NUMÉRO du régiment territorial d'infanterie.	ARRONDISSEMENTS.
AMANS (SAINT-)	10	6,221			Mende.
AUMONT.	6	4,375			Marvejols.
BARRE.	8	4,604			Florac.
BLEYMARD (LE)	11	5,789			Mende.
CANOURGUE (LA).	9	5,712			Marvejols.
CHANAC	6	3,747			Id.
CHATEAUNEUF.	7	4,626			Mende.
CHÉLY-D'APCHER (SAINT-) .	8	5,279			Marvejols.
ÉNIMIE (SAINTE-)	6	3,598			Florac.
FLORAC	9	7,666			Id.
FOURNELS	11	4,413			Marvejols.
GERMAIN-DE-CALBERTE (St-)	11	8,869			Florac.
GERMAIN-DU-TEIL (SAINT-).	8	6,017	Mende.	123^e	Marvejols.
GRANDRIEU	8	5,733			Mende.
LANGOGNE	8	7,533			Id.
MALZIEU (LE)	9	4,815			Marvejols.
MARVEJOLS	11	9,109			Id.
MASSEGROS (LE)	5	1,813			Florac.
MENDE	10	11,881			Mende.
MEYRUEIS	7	3,958			Florac.
NASBINALS.	5	2,841			Marvejols.
PONT-DE-MONTVERT	6	5,828			Florac.
SERVERETTE.	5	4,731			Marvejols.
VILLEFORT	10	6,032			Mende.
24	194	135,190			3

MAINE-ET-LOIRE.

IXᵉ RÉGION.
(Chef-lieu : Tours.)

12ᵉ LÉGION DE GENDARMERIE.
(Chef-lieu : Tours.)

SUBDIVISIONS . .
- 6ᵉ Tours. . . . . 70ᵉ régiment territorial d'infanterie.
- 7ᵉ Angers . . . . 71ᵉ idem.
- 8ᵉ Cholet . . . . 72ᵉ idem.

CANTONS.	NOMBRE de communes.	POPULATION cantonale.	SUBDIVISIONS.	NUMÉRO du régiment territorial d'infanterie.	ARRONDISSEMENTS.
Angers . . . Nord-est . .	8	33,011	Angers.	71ᵉ	Angers.
Angers . . . Nord-ouest .	11	22,050	Angers.	71ᵉ	Angers.
Angers . . . Sud-est. . .	4	24,415	Angers.	71ᵉ	Angers.
Baugé	15	14,730	Angers.	71ᵉ	Baugé.
Beaufort.	7	14,002	Angers.	71ᵉ	Baugé.
Beaupréau	13	20,931	Cholet.	72ᵉ	Cholet.
Briollay	8	8,736	Angers.	71ᵉ	Angers.
Chalonnes-sur-Loire. . .	5	12,304	Cholet.	72ᵉ	Angers.
Champtoceaux	9	12,310	Cholet.	72ᵉ	Cholet.
Chateauneuf-sur-Sarthe.	15	12,396	Angers.	71ᵉ	Segré.
Chemillé.	11	14,938	Cholet.	72ᵉ	Cholet.
Cholet.	13	28,748	Cholet.	72ᵉ	Cholet.
Candé.	6	11,134	Angers.	71ᵉ	Segré.
Doué	14	13,082	Cholet.	72ᵉ	Saumur.
Durtal	8	11,609	Angers.	71ᵉ	Baugé.
Florent-le-Vieil (Saint-)	11	17,155	Cholet.	72ᵉ	Cholet.
Gennes	10	8,434	Cholet.	72ᵉ	Saumur.
Georges-sur-Loire (Sᵗ-). .	10	12,286	Angers.	71ᵉ	Angers.
Lion d'Angers (Le)	11	12,553	Angers.	71ᵉ	Segré.
Longué.	9	14,078	Tours.	70ᵉ	Baugé.
Louroux-Béconnais (Le) .	7	10,227	Angers.	71ᵉ	Angers.
Montfaucon	12	16,670	Cholet.	72ᵉ	Cholet.
Montreuil-Bellay	14	11,119	Cholet.	72ᵉ	Saumur.
Montrevault.	11	14,992	Cholet.	72ᵉ	Cholet.
Noyant	15	10,669	Tours.	70ᵉ	Baugé.
Ponts-de-Cé (Les).	18	21,618	Cholet.	72ᵉ	Angers.
Pouancé	11	12,878	Angers.	71ᵉ	Segré.
Saumur . . . Nord-est . .	8	9,611	Tours.	70ᵉ	Saumur.
Saumur . . . Nord-ouest .	5	8,851	Tours.	70ᵉ	Saumur.
Saumur . . . Sud-est. . .	15	22,383	Tours.	70ᵉ	Saumur.
Segré.	15	14,061	Angers.	71ᵉ	Segré.
Seiches.	13	10,299	Angers.	71ᵉ	Baugé.
Thouarcé.	20	18,157	Cholet.	72ᵉ	Angers.
Vihiers.	19	18,004	Cholet.	72ᵉ	Saumur.
34	380	518,471			5

MANCHE.

Xe RÉGION.
(Chef-lieu : Rennes.)

14e LÉGION DE GENDARMERIE.
(Chef-lieu : Rennes.)

SUBDIVISIONS . . 5e Cherbourg. . . . . . 77e régiment territorial d'infanterie.
7e Granville . . . . . . 79e idem.
8e Saint-Lô. . . . . . . 80e idem.

CANTONS.	NOMBRE de communes.	POPULATION cantonale.	SUBDIVISIONS.	NUMÉRO du régiment territorial d'infanterie.	ARRONDISSEMENTS.
Avranches	16	16,479	Granville.	79^e	Avranches.
Barenton.	4	8,085		79^e	Mortain.
Barneville.	16	8,617	Cherbourg.	77^e	Valognes.
Beaumont.	20	8,606		77^e	Cherbourg.
Brécey	16	10,240	Granville.	79^e	Avranches.
Bréhal	16	11,373	Saint-Lô.	80^e	Coutances.
Bricquebec.	11	10,140	Cherbourg.	77^e	Valognes.
Canisy	11	7,991	Saint-Lô.	80^e	Saint-Lô.
Carentan.	14	11,528		80^e	
Cérisy-la-Salle	11	10,998		80^e	Coutances.
Cherbourg	1	35,580	Cherbourg.	77^e	Cherbourg.
Clair (Saint-).	14	9,140	Saint-Lô.	80^e	Saint-Lô.
Coutances	8	12,768		80^e	Coutances.
Ducey	12	8,825	Granville.	79^e	Avranches.
Gavray.	15	12,167	Saint-Lô.	80^e	Coutances.
Granville	8	20,748	Granville.	79^e	Avranches.
Haye-du-Puits (La). . . .	24	12,936	Saint-Lô.	80^e	Coutances.
Haye-Pesnel (La).	19	9,166	Granville.	79^e	Avranches.
Hilaire-du-Harcouet (St-)	12	14,359		79^e	Mortain.

CANTONS.	NOMBRE de communes.	POPULATION cantonale.	SUBDIVISIONS.	NUMÉRO du régiment territorial d'infanterie.	ARRONDISSEMENTS.
Isigny	11	5,583	Granville.	79e	Mortain.
James (Saint-)	12	12,537		79e	Avranches.
Jean-de-Daye (Saint-)	13	8,597	Saint-Lô.	80e	Saint-Lô.
Juvigny	9	5,859	Granville.	79e	Mortain.
Lô (Saint-)	11	13,558	Saint-Lô.	80e	Saint-Lô.
Lessay	13	12,035		80e	Coutances.
Malo-de-la-Lande (St-)	13	10,128		80e	
Marigny	11	7,814		80e	Saint-Lô.
Mère-Église (Sainte-)	26	12,096	Cherbourg.	77e	Valognes.
Montebourg	22	9,676		77e	
Montmartin-sur-Mer	12	11,661	Saint-Lô.	80e	Coutances.
Mortain	11	10,199	Granville.	79e	Mortain.
Octeville	17	20,483	Cherbourg.	77e	Cherbourg.
Percy	12	9,631	Saint-Lô.	80e	Saint-Lô.
Périers	14	10,192		80e	Coutances.
Pierre-Église (Saint-)	20	13,176	Cherbourg.	77e	Cherbourg.
Pieux (Les)	15	10,109		77e	
Pois (Saint-)	10	6,916	Granville.	79e	Mortain.
Pontorson	16	9,805		79e	Avranches.
Quettehou	16	15,155	Cherbourg.	77e	Valognes.
Sartilly	14	8,766	Granville.	79e	Avranches.
Sauveur-Lendelin (St-)	12	9,481	Saint-Lô.	80e	Coutances.
Sauveur-le-Vicomte (St-)	18	11,008	Cherbourg.	77e	Valognes.
Sourdeval	9	9,454	Granville.	79e	Mortain.
Teilleul (Le)	8	7,171		79e	
Tessy-sur-Vire	14	8,865	Saint-Lô.	80e	Saint-Lô.
Torigny-sur-Vire	17	11,813		80e	
Valognes	8	12,672	Cherbourg.	77e	Valognes.
Villedieu	11	10,274	Granville.	79e	Avranches.
48	643	514,776			6

MARNE.

VIe RÉGION.
(Chef-lieu : CHALONS-SUR-MARNE.)

7e LÉGION DE GENDARMERIE.
(Chef-lieu : CHALONS-SUR-MARNE.)

SUBDIVISIONS . . { 6e REIMS . . . . 46e régiment territorial d'infanterie.
8e CHALONS-SUR-MARNE. . 48e idem.

CANTONS.	NOMBRE de communes.	POPULATION cantonale.	SUBDIVISIONS.	NUMÉRO du régiment territorial d'infanterie.	ARRONDISSEMENTS.
ANGLURE	19	8,202	Châlons.	48e	Épernay.
AVIZE	18	9,038		48	
AY	19	14,636		46e	
BEINE	19	11,720	Reims.	46e	Reims.
BOURGOGNE	25	18,197		46e	
CHALONS-SUR-MARNE	16	21,699	Châlons.	48e	Châlons.
CHATILLON-SUR-MARNE	19	6,295	Reims.	46e	Reims.
DOMMARTIN-SUR-YÈVRE	26	7,676		48e	Sainte-Menehould.
DORMANS	16	10,514		48e	Épernay.
ÉCURY-SUR-COOLE	23	6,696	Châlons.	48e	Châlons.
ÉPERNAY	11	21,471		48e	
ESTERNAY	23	8,085		48e	Épernay.
FÈRE-CHAMPENOISE (LA)	19	7,263		48e	
FISMES	23	11,985	Reims.	46e	Reims.
HEILTZ-LE-MAURUPT	23	8,507		48e	Vitry-le-François.
MARSON	18	6,639		48e	Châlons.
MENEHOULD (SAINTE-)	30	13,991	Châlons.	48e	Sainte-Menehould.
MONTMIRAIL	23	8,883		48e	Épernay.
MONTMORT	23	7,763		48e	
REIMS. . 1er canton	5	22,397	Reims.	46e	Reims.
2e canton	5	31,248		46e	
3e canton	5	20,147		46e	
REMY-EN-BOUZEMONT (St-)	27	7,655	Châlons.	48e	Vitry-le-François.
SÉZANNE	24	12,482		48e	Épernay.
SOMPUIS	15	3,839		48e	Vitry-le-François.
SUIPPES	16	7,981		48e	Châlons.
THIÉBLEMONT	33	11,942		48e	Vitry-le-François.
VERTUS	26	8,138		48e	Châlons.
VERZY	24	12,156	Reims.	46e	Reims.
VILLE-EN-TARDENOIS	40	9,467		46e	
VILLE-SUR-TOURBE	24	10,342	Châlons,	48e	Sainte-Menehould.
VITRY-LE-FRANÇOIS	25	16,103		48e	Vitry-le-François.
32	665	386,157			5

HAUTE-MARNE.

VIIe RÉGION.
(Chef-lieu : BESANÇON.)

9e LÉGION DE GENDARMERIE.
(Chef-lieu : BESANÇON.)

SUBDIVISIONS . . { 3e LANGRES . . . . 51e régiment territorial d'infanterie.
4e CHAUMONT. . . . . . . 52e idem.

CANTONS.	NOMBRE de communes.	POPULATION cantonale.	SUBDIVISIONS.	NUMÉRO du régiment territorial d'infanterie.	ARRONDISSEMENTS.
ANDELOT	19	6,426	Chaumont.	52^e	Chaumont.
ARC-EN-BARROIS.	9	5,223	Langres.	51^e	
AUBERIVE.	29	5,958		51^e	Langres.
BLIN (SAINT-)	15	5,609	Chaumont.	52^e	Chaumont.
BOURBONNE-LES-BAINS . . .	16	14,411	Langres.	51^e	Langres.
BOURMONT	26	8,884	Chaumont.	52^e	Chaumont.
CHATEAUVILLAIN	19	9,192		52^e	
CHAUMONT.	22	13,837		52^e	
CHEVILLON	15	8,923		52^e	Vassy.
CLEFMONT.	20	6,465		52^e	Chaumont.
DIZIER (SAINT-)	14	17,776		52^e	Vassy.
DOULAINCOURT	19	7,207		52^e	
DOULEVANT.	19	7,457		52^e	
FAYL-BILLOT	24	11,765	Langres.	51^e	Langres.
FERTÉ-SUR-AMANCE (LA). .	13	6,231		51^e	
JOINVILLE.	15	9,098	Chaumont.	52^e	Vassy.
JUZENNECOURT	24	6,282		52^e	Chaumont.
LANGRES	27	16,720	Langres.	51^e	Langres.
LONGEAU	29	8,997		51^e	
MONTIÉRENDER	15	8,457	Chaumont.	52^e	Vassy.
MONTIGNY-LE-ROI	15	6,227	Langres.	51^e	Langres.
NEUILLY-L'ÉVÊQUE	18	8,042		51^e	
NOGENT-LE-ROI	20	12,460	Chaumont.	52^e	Chaumont.
POISSONS	24	5,925		52^e	Vassy.
PRAUTHOY.	25	8,237	Langres.	51^e	Langres.
VARENNES.	14	8,438		51^e	
VASSY.	24	10,756	Chaumont.	52^e	Vassy.
VIGNORY	21	6,193		52^e	Chaumont.
28	550	251,196			3

MAYENNE.

IVe RÉGION.
(Chef-lieu : LE MANS.)

5e LÉGION DE GENDARMERIE.
(Chef-lieu : LE MANS.)

SUBDIVISIONS . . { 1re LAVAL . . . . 25e régiment territorial d'infanterie.
{ 2e MAYENNE . . . . . . 26e idem.

CANTONS.	NOMBRE de communes.	POPULATION cantonale.	SUBDIVISIONS.	NUMÉRO du régiment territorial d'infanterie.	ARRONDISSEMENTS.
AIGNAN-SUR-ROË (SAINT-)	12	10,879	Laval.	25e	Château-Gontier.
AMBRIÈRES	8	10,509	Mayenne.	26e	Mayenne.
ARGENTRÉ	9	8,128	Laval.	25e	Laval.
BAIS	9	15,056	Mayenne.	26e	Mayenne.
BIERNÉ	10	8,328	Laval.	25e	Château-Gontier.
CHAILLAND	9	17,270	Mayenne.	26e	Laval.
CHATEAU-GONTIER	15	19,797	Laval.	25e	Château-Gontier.
COSSÉ-LE-VIVIEN	11	10,908		25e	
COUPTRAIN	11	12,530	Mayenne.	26e	Mayenne.
CRAON	13	12,992	Laval.	25e	Château-Gontier.
ERNÉE	6	14,552	Mayenne.	26e	Mayenne.
ÉVRON	11	15,357	Laval.	25e	Laval.
GORRON	11	14,004	Mayenne.	26e	Mayenne.
GREZ-EN-BOUÈRE	12	10,559	Laval.	25e	Château-Gontier.
HORPS (LE)	10	9,952	Mayenne.	26e	Mayenne.
LANDIVY	8	12,301		26e	
LASSAY	10	8,634		26e	
LAVAL { Est	7	16,886	Laval.	25e	Laval.
LAVAL { Ouest	6	23,031		25e	
LOIRON	15	14,847		25e	
MAYENNE { Est	12	15,992	Mayenne.	26e	Mayenne.
MAYENNE { Ouest	10	16,473		26e	
MESLAY	14	11,145	Laval.	25e	Laval.
MONTSURS	10	7,297		25e	
PRÉ-EN-PAIL	7	10,336	Mayenne.	26e	Mayenne.
SUZANNE (SAINTE-)	10	9,327	Laval.	25e	Laval.
VILLAINES-LA-JUHEL	10	13,547	Mayenne.	26e	Mayenne.
27	274	350,637			3

MEURTHE-ET-MOSELLE.

VIe RÉGION.
(Chef-lieu : Chalons-sur-Marne.)

8e LÉGION DE GENDARMERIE.
(Chef-lieu : Nancy.)

SUBDIVISIONS . .
- 1re Nancy . . . . 41e régiment territorial d'infanterie.
- 2e Toul . . . . 42e idem.
- 4e Verdun. . . . . 44e idem.
- 5e Mézières . . . . 45e idem.

CANTONS.		NOMBRE de communes.	POPULATION cantonale.	SUBDIVISIONS.	NUMÉRO du régiment territorial d'infanterie.	ARRONDISSEMENTS.
Arracourt[1]		12	5,023	Nancy.	41e	Lunéville.
Audun-le-Roman		24	8,894	Mézières.	45e	Briey.
Baccarat		30	20,278		41e	
Bayon		27	9,816	Nancy.	41e	Lunéville.
Blamont		31	12,762		41e	
Briey		17	7,575	Verdun.	44e	Briey.
Chambley[2]		12	4,445		44e	
Colombey		32	13,068	Toul.	42e	Toul.
Conflans		25	8,388	Verdun.	44e	Briey.
Cirey-sur-Vezouze[3]		9	7,049	Nancy.	41e	Lunéville.
Domèvre		27	9,932	Toul.	42e	Toul.
Gerbéviller		21	9,374	Nancy.	41e	Lunéville.
Haroué		30	11,467	Toul.	42e	Nancy.
Longuyon		21	12,019	Mézières.	45e	Briey.
Longwy		25	16,737		45e	
Lunéville	Nord	19	13,156	Nancy.	41e	Lunéville.
	Sud	18	15,384		41e	
Nancy	Est	22	32,185	Toul.	42e	
	Nord	10	22,608		42e	
	Ouest	12	27,014	Nancy.	41e	Nancy.
Nicolas (Saint-)		25	17,498		41e	
Nomény		30	12,013		42e	
Pont-à-Mousson		27	21,286		42e	
Thiaucourt		23	8,745	Toul.	42e	
Toul	Nord	19	13,114		42e	Toul.
	Sud	19	13,509		42e	
Vézelise		33	11,798		42e	Nancy.
27		596	365,137			4

1. Chef-lieu de canton des communes restées françaises de l'ancien canton de Vic.
2. Chef-lieu de canton des communes restées françaises de l'ancien canton de Gorze.
3. Chef-lieu de canton des communes restées françaises de l'ancien canton de Lorquin et de Richecourt.

MEUSE.

VIe RÉGION.
(Chef-lieu : Chalons-sur-Marne.)

8e LÉGION DE GENDARMERIE.
(Chef-lieu : Nancy.)

SUBDIVISIONS . . { 4e Verdun. . . . . 44e régiment territorial d'infanterie.
5e Mézières. . . . . . . 45e idem.

CANTONS.	NOMBRE de communes.	POPULATION cantonale.	SUBDIVISIONS.	NUMÉRO du régiment territorial d'infanterie.	ARRONDISSEMENTS.
Ancerville.	18	11,299		44e	Bar-le-Duc.
Bar-le-Duc	8	20,893		44e	
Charny.	21	8,916	Verdun.	44e	Verdun.
Clermont-en-Argonne . .	17	9,420		44e	
Commercy.	29	11,135		44e	Commercy.
Damvillers.	23	8,394	Mézières.	45e	Montmédy.
Dun-sur-Meuse	18	7,612		45e	
Étain.	29	10,989		44e	Verdun.
Fresnes-en-Woëvre . . .	38	13,158		44e	
Gondrecourt.	24	10,148	Verdun.	44e	Commercy.
Ligny-en-Barrois.	19	10,621		44e	Bar-le-Duc.
Mihiel (Saint-)	28	13,319		44e	Commercy.
Montfaucon	18	7,677	Mézières.	45e	Montmédy.
Montiers-sur-Saulx . . .	14	6,814	Verdun.	44e	Bar-le-Duc.
Montmédy	27	13,958	Mézières.	45e	Montmédy.
Pierrefitte	26	8,082		44e	Commercy.
Révigny	17	8,412	Verdun.	44e	Bar-le-Duc.
Souilly.	21	7,234		44e	Verdun.
Spincourt.	27	10,248	Mézières.	45e	Montmédy.
Stenay	18	10,409		45e	
Triaucourt.	20	6,429		44e	Bar-le-Duc.
Varennes.	12	7,295		44e	Verdun.
Vaubecourt.	17	6,939		44e	Bar-le-Duc.
Vaucouleurs	20	9,979	Verdun.	44e	Commercy.
Vavincourt.	15	6,061		44e	Bar-le-Duc.
Verdun	11	16,641		44e	Verdun.
Vigneulles.	28	10,625		44e	Commercy.
Void	24	9,018		44e	
28	587	281,725			4

MORBIHAN.

XIe RÉGION.
(Chef-lieu : NANTES.)

15e LÉGION DE GENDARMERIE.
(Chef-lieu : NANTES.)

SUBDIVISIONS . . { 5e VANNES . . . . 85e régiment territorial d'infanterie.
8e LORIENT . . . . 88e idem.

CANTONS.	NOMBRE de communes.	POPULATION cantonale.	SUBDIVISIONS.	NUMÉRO du régiment territorial d'infanterie.	ARRONDISSEMENTS.
ALLAIRE	9	12,616	Vannes.	85e	Vannes.
AURAY	6	15,432		88e	Lorient.
BAUD	6	15,747		88e	Pontivy.
BELLE-ISLE-PALAIS	4	10,804	Lorient.	88e	Lorient.
BELZ	5	9,511		88e	
CLÉGUEREC	8	12,538		88e	Pontivy.
ELVEN	7	9,767	Vannes.	85e	Vannes.
FAOUËT (LE)	6	14,159	Lorient.	88e	Pontivy.
GACILLY (LA)	8	11,611	Vannes.	85e	Vannes.
GOURIN	5	11,724	Lorient.	88e	Pontivy.
GRANDCHAMP	7	9,542	Vannes.	85e	Vannes.
GUÉMÉNÉ-SUR-SCORFF	8	12,737	Lorient.	88e	Pontivy.
GUER	6	8,805	Vannes.	85e	Ploërmel.
HENNEBONT	4	14,556	Lorient.	88e	Lorient.
JEAN-BRÉVELAY (SAINT-)	7	10,904	Vannes.	85e	Ploërmel.
JOSSELIN	10	14,938		85e	
LOCMINÉ	8	12,799		88e	Pontivy.
LORIENT . . { 1er canton	1	24,248	Lorient.	88e	Lorient.
{ 2e canton	2	20,649		88e	
MALESTROIT	14	14,328		85e	Ploërmel.
MAURON	7	8,863	Vannes.	85e	
MUZILLAC	7	10,716		85e	Vannes.
PLOËRMEL	6	12,156		85e	Ploërmel.
PLOUAY	6	13,862		88e	Lorient.
PLUVIGNER	5	11,456		88e	
PONTIVY	10	19,818	Lorient.	88e	Pontivy.
PONT-SCORFF	6	15,636		88e	Lorient.
PORT-LOUIS	9	21,758		88e	
QUESTEMBERT	8	12,078	Vannes.	85e	Vannes.
QUIBERON	5	9,149	Lorient.	88e	Lorient.
ROCHE-BERNARD (LA)	8	13,460		85e	Vannes.
ROCHEFORT	8	10,223		85e	Ploërmel.
ROHAN	9	9,993		85e	
SARZEAU	5	10,877	Vannes.	85e	Vannes.
TRINITÉ-PORHOËT (LA)	6	10,258		85e	Ploërmel.
VANNES . . { Est	8	17,649		85e	Vannes.
{ Ouest	6	14,985		85e	
37	248	490,352			4

NIÈVRE.

VIIIe RÉGION. (Chef-lieu : Bourges.)

11e LÉGION DE GENDARMERIE. (Chef-lieu : Bourges.)

SUBDIVISIONS . . { 5e Cosne . . . . 61e régiment territorial d'infanterie.
8e Nevers . . . . 64e idem.

CANTONS.	NOMBRE de communes.	POPULATION cantonale.	SUBDIVISIONS.	NUMÉRO du régiment territorial d'infanterie.	ARRONDISSEMENTS.
Amand (Saint-)	6	9,424	Cosne.	61e	Cosne.
Benin-d'Azy (Saint-) . . .	16	10,624	Nevers.	64e	Nevers.
Brinon	22	10,387	Cosne.	61e	Clamecy.
Charité (La)	14	14,930		61e	Cosne.
Chateau-Chinon	15	17,497	Nevers.	64e	Château-Chinon.
Chatillon	15	12,391		64e	
Clamecy	14	13,661	Cosne.	61e	Clamecy.
Corbigny	15	12,611		61e	
Cosne.	10	16,054		61e	Cosne.
Decize	14	16,374	Nevers.	64e	Nevers.
Donzy.	10	12,921	Cosne.	61e	Cosne.
Dornes	9	8,806	Nevers.	64e	Nevers.
Fours.	10	8,813		64e	
Lormes	10	13,261	Cosne.	61e	Clamecy.
Luzy	12	11,245	Nevers.	64e	Château-Chinon.
Montsauche.	10	14,404		64e	
Moulins-Engilbert. . . .	10	12,854		64e	
Nevers	12	33,552		64e	Nevers.
Pierre-le-Moutier (St-) .	8	12,068		64e	
Pougues-les-Eaux	13	21,587		64e	
Pouilly.	11	12,276	Cosne.	61e	Cosne.
Prémery	14	10,228		61e	
Saulge (Saint-).	11	11,863	Nevers.	64e	Nevers.
Tannay.	20	9,164	Cosne.	61e	Clamecy.
Varzy.	12	12,922		61e	
25	313	339,917			4

NORD.

Ire RÉGION.	2e LÉGION DE GENDARMERIE.
(Chef-lieu : LILLE.)	(Chef-lieu : LILLE.)

SUBDIVISIONS . .
- 1re LILLE. . . . . 1er régiment territorial d'infanterie.
- 2e VALENCIENNES. . . . 2e idem.
- 3e CAMBRAI . . . . . . 3e idem.
- 4e AVESNES . . . . . . 4e idem.
- 5e ARRAS. . . . . 5e idem.
- 8e DUNKERQUE. . . . . 8e idem.

CANTONS.		NOMBRE de communes.	POPULATION cantonale.	SUBDIVISIONS.	NUMÉRO du régiment territorial d'infanterie.	ARRONDISSEMENTS.
AMAND (ST-).	Rive droite .	7	19,355	Valenciennes.	2[e]	Valenciennes.
	Rive gauche.	11	14,778		2[e]	
ARLEUX.		15	13,820	Cambrai.	3[e]	Douai.
ARMENTIÈRES		8	32,821	Lille.	1er	Lille.
AVESNES . .	Nord	14	11,309	Avesnes.	4[e]	Avesnes.
	Sud.	13	14,323		4[e]	
BAILLEUL. .	Nord-Est . .	4	17,368	Dunkerque.	8[e]	Hazebrouck.
	Sud-Ouest. .	6	14,414		8[e]	
BASSÉE (LA).		11	16,074	Lille.	1er	Lille.
BAVAI.		18	16,027	Avesnes.	4[e]	Avesnes.
BERGUES		13	15,541	Dunkerque.	8[e]	Dunkerque.
BERLAIMONT.		14	10,222	Avesnes.	4[e]	Avesnes.
BOUCHAIN.		21	42,843	Valenciennes.	2[e]	Valenciennes.
BOURBOURG		13	13,983	Dunkerque.	8[e]	Dunkerque.
CAMBRAI . .	Est.	14	21,748	Cambrai.	3[e]	Cambrai.
	Ouest. . . .	18	25,482		3[e]	
CARNIÈRES.		16	28,166		3[e]	
CASSEL		13	14,242	Dunkerque.	8[e]	Hazebrouck.
CATEAU (LE).		17	32,771	Avesnes.	4[e]	Cambrai.
CLARY.		17	32,994		4[e]	
CONDÉ.		10	23,972	Valenciennes.	2[e]	Valenciennes.
CYSOING.		14	18,161	Lille.	1er	Lille.
DOUAI. . . .	Nord. . . .	6	22,059	Cambrai.	3[e]	Douai.
	Ouest. . . .	11	21,221		3[e]	
	Sud	12	19,948		3[e]	

CANTONS.		NOMBRE de communes.	POPULATION cantonale.	SUBDIVISIONS.	NUMÉRO du régiment territorial d'infanterie.	ARRONDISSEMENTS.
Dunkerque.	Est	8	23,586	Dunkerque.	8e	Dunkerque.
	Ouest	6	25,730		8e	
Gravelines		4	10,758		8e	
Haubourdin		16	27,811	Lille.	1er	Lille.
Hazebrouck	Nord	10	15,379	Dunkerque.	8e	Hazebrouck.
	Sud	8	14,055		8e	
Hondschoote		8	13,283		8e	Dunkerque.
Landrecies		10	15,628	Avesnes.	4e	Avesnes.
Lannoy		16	27,978	Lille.	1er	
Lille	Centre	2	23,205	Lille[1].	5e	Lille.
	Nord-Est	3	39,963		8e	
	Ouest	5	24,055		8e	
	Sud-Est	4	22,851		5e	
	Sud-Ouest	1	76,335		2e	
Marchiennes		15	21,202	Cambrai.	3e	Douai.
Marcoing		20	25,806		3e	Cambrai.
Maubeuge		26	38,526	Avesnes.	4e	Avesnes.
Merville		5	20,285	Dunkerque.	8e	Hazebrouck.
Orchies		9	17,930	Cambrai.	3e	Douai.
Pont-a-Marcq		15	17,790	Lille.	1er	Lille.
Quesnoy (Le)	Est	15	13,905	Avesnes.	4e	Avesnes.
	Ouest	14	14,116		4e	
Quesnoy-sur-Deule		9	20,188	Lille.	1er	Lille.
Roubaix	Est	2	58,875		1er	
	Ouest	3	38,822		1er	
Seclin		16	24,616		1er	
Solesmes		17	28,224	Cambrai.	3e	Cambrai.
Solre-le-Chateau		16	12,516	Avesnes.	4e	Avesnes.
Steenvoorde		9	14,540	Dunkerque.	8e	Hazebrouck.
Trélon		13	25,763	Avesnes.	4e	Avesnes.
Tourcoing	Nord	6	45,335	Lille.	1er	Lille.
	Sud	4	40,382		1er	
Valenciennes	Est	11	23,324	Valenciennes.	2e	Valenciennes.
	Nord	9	30,197		2e	
	Sud	15	25,918		2e	
Wormhoudt		10	15,215	Dunkerque.	8e	Dunkerque.
61		661	1,147,764			7

1. Les hommes de l'armée territoriale des cantons de Lille sont affectés, savoir : ceux de Lille-Centre et Lille-Sud-Est au 5e regiment, à Arras ; ceux de Lille-Nord-Est et Lille-Ouest au 8e régiment, à Dunkerque, et ceux de Lille-Sud-Ouest au 2e régiment, à Valenciennes.

OISE.

IIe RÉGION.
(Chef-lieu : AMIENS.)

3e LÉGION DE GENDARMERIE.
(Chef-lieu : AMIENS.)

SUBDIVISIONS. . . 3e BEAUVAIS. . . . . . 11e régiment territorial d'infanterie.
5e COMPIÈGNE . . . . . 13e idem.

CANTONS.	NOMBRE de communes.	POPULATION cantonale.	SUBDIVISIONS.	NUMÉRO du régiment territorial d'infanterie.	ARRONDISSEMENTS.
ATTICHY	20	11,542	Compiègne.	13e	Compiègne.
AUNEUIL	20	9,242	Beauvais.	11e	Beauvais.
BEAUVAIS. Nord-Est	8	13,574		11e	
BEAUVAIS. Sud-Ouest	4	9,767			
BETZ	25	8,408	Compiègne.	13e	Senlis.
BRETEUIL	23	12,439	Beauvais.	11e	Clermont-de-l'Oise.
CHAUMONT	37	12,209		11e	Beauvais.
CLERMONT-DE-L'OISE	24	15,970		11e	Clermont-de-l'Oise.
COMPIÈGNE	12	20,076	Compiègne.	13e	Compiègne.
CREIL	19	25,898		13e	Senlis.
CRÉPY	25	13,955		13e	
CRÈVECŒUR	20	9,675	Beauvais.	11e	Clermont-de-l'Oise.
COUDRAY-ST-GERMER (LE)	18	9,696		11e	Beauvais.
ESTRÉES-SAINT-DENIS	18	10,445	Compiègne.	13e	Compiègne.
FORMERIE	23	8,971	Beauvais.	11e	Beauvais.
FROISSY	17	7,222		11e	Clermont-de-l'Oise.
GRANDVILLIERS	28	10,200		11e	Beauvais.
GUISCARD	20	7,500	Compiègne.	13e	Compiègne.
JUST-EN-CHAUSSÉE (SAINT-)	30	12,695	Beauvais.	11e	Clermont-de-l'Oise.
LASSIGNY	22	9,681	Compiègne.	13e	Compiègne.
LIANCOURT	23	13,266	Beauvais.	11e	Clermont-de-l'Oise.
MAIGNELAY	21	8,206		11e	
MARSEILLE-LE-PETIT	19	7,748		11e	Beauvais.
MÉRU	20	11,769		11e	
MOUY	11	8,797		11e	Clermont-de-l'Oise.
NANTEUIL-LE-HAUDOIN	19	8,478	Compiègne.	13e	Senlis.
NEUILLY-EN-THELLE	15	11,197		13e	
NIVILLERS	21	9,115	Beauvais.	11e	Beauvais.
NOAILLES	22	11,893		11e	
NOYON	23	15,530	Compiègne.	13e	Compiègne.
PONT-SAINTE-MAXENCE	13	8,691		13e	Senlis.
RIBÉCOURT	18	10,408		13e	Compiègne.
RESSONS	24	9,378		13e	
SENLIS	17	13,615		13e	Senlis.
SONGEONS	28	9,528	Beauvais.	11e	Beauvais.
35	701	396,804			4

ORNE.

IVe RÉGION.
(Chef-lieu : LE MANS.)

5e LÉGION DE GENDARMERIE.
(Chef-lieu : LE MANS.)

SUBDIVISIONS . . { 7e ALENÇON. . . . . . . 31e régiment territorial d'infanterie.
8e ARGENTAN . . . . . . 32e idem.

CANTONS.	NOMBRE de communes.	POPULATION cantonale.	SUBDIVISIONS.	NUMÉRO du régiment territorial d'infanterie.	ARRONDISSEMENTS.
ALENÇON. . { Est.	8	15,596	Alençon.	31^e	Alençon.
ALENÇON. . { Ouest	17	13,990		31^e	
ARGENTAN.	11	8,835	Argentan.	32^e	Argentan.
ATHIS.	16	16,805		32^e	Domfront.
BAZOCHES-SUR-HOËNE . . .	12	6,763	Alençon.	31^e	Mortagne.
BELLÊME	15	13,330		31^e	
BRIOUZE.	14	8,997	Argentan.	32^e	Argentan.
CARROUGES	24	13,326	Alençon.	31^e	Alençon.
COURTOMER	16	6,311		31^e	
DOMFRONT.	11	19,436	Argentan.	32^e	Domfront.
ÉCOUCHÉ	19	10,373		32^e	Argentan.
EXMES	13	5,145		32^e	
FERTÉ-FRESNEL (LA) . . .	15	6,905		32^e	
FERTÉ-MACÉ (LA)	9	18,234		32^e	Domfront.
FLERS.	14	25,172		32^e	
GACÉ	14	6,740		32^e	Argentan.
JUVIGNY-SOUS-ANDAINE . .	12	9,995		32^e	Domfront.
LAIGLE	15	12,358	Alençon.	31^e	Mortagne.
LONGNY.	13	8,594		31^e	
MÊLE-SUR-SARTHE (LE) . .	15	8,070		31^e	Alençon.
MERLERAULT (LE).	12	6,623	Argentan.	32^e	Argentan.
MESSEI	10	11,437		32^e	Domfront.
MORTAGNE	14	12,869	Alençon.	31^e	Mortagne.
MORTRÉE	13	6,179	Argentan.	32^e	Argentan.
MOULINS-LA-MARCHE. . . .	17	6,720	Alençon.	31^e	Mortagne.
NOCÉ	18	9,211		31^e	
PASSAIS.	8	11,579	Argentan.	32^e	Domfront.
PERVENCHÈRES	14	9,532	Alençon.	31^e	Mortagne.
PUTANGES.	22	10,813	Argentan.	32^e	Argentan.
RÉMALARD	12	12,309	Alençon.	31^e	Mortagne.
SÉEZ	13	9,441		31^e	Alençon.
THEIL (LE)	10	10,772		31^e	Mortagne.
TINCHEBRAI.	15	18,771	Argentan.	32^e	Domfront.
TOUROUVRE	15	6,288	Alençon.	31^e	Mortagne.
TRUN	22	8,899	Argentan.	32^e	Argentan.
VIMOUTIERS.	19	11,299		32^e	
36	511	398,250			4

PAS-DE-CALAIS.

Ire RÉGION. (Chef-lieu : LILLE.)

2e LÉGION DE GENDARMERIE. (Chef-lieu : LILLE.)

SUBDIVISIONS . .
- 5e ARRAS. . . . . 5e régiment territorial d'infanterie.
- 6e BÉTHUNE . . . . 6e idem.
- 7e SAINT-OMER . . . . . . 7e idem.

CANTONS.	NOMBRE de communes.	POPULATION cantonale.	SUBDIVISIONS.	NUMÉRO du régiment territorial d'infanterie.	ARRONDISSEMENTS.
AIRE	14	16,807	Saint-Omer.	7e	Saint-Omer.
ARDRES	23	13,786		7e	
ARRAS Nord	12	20,218	Arras.	5e	Arras.
ARRAS Sud	9	23,074		5e	
AUBIGNY	30	11,642	Béthune.	6e	Saint-Pol.
AUDRUICK	13	15,317	Saint-Omer.	7e	Saint-Omer.
AUXY-LE-CHATEAU	28	15,503	Béthune.	6e	Saint-Pol.
AVESNES-LE-COMTE	33	13,746		6e	
BAPAUME	22	13,319	Arras.	5e	Arras.
BEAUMETZ-LES-LOGES	29	13,721		5e	
BERTINCOURT	17	15,682		5e	
BÉTHUNE	17	23,637	Béthune.	6e	Béthune.
BOULOGNE Nord	5	25,139	Saint-Omer.	7e	Boulogne.
BOULOGNE Sud	4	22,465		7e	
CALAIS	13	41,369		7e	

CANTONS.	NOMBRE de communes.	POPULATION cantonale.	SUBDIVISIONS.	NUMÉRO du régiment territorial d'infanterie.	ARRONDISSEMENTS.
Cambrin	17	20,660	Béthune.	6e	Béthune.
Campagne-les-Hesdin	21	12,553	Saint-Omer.	7e	Montreuil.
Carvin	10	22,860	Béthune.	6e	Béthune.
Croisilles	27	17,166	Arras.	5e	Arras.
Desvres	23	10,207	Saint-Omer.	7e	Boulogne.
Étaples	19	9,226	Saint-Omer.	7e	Montreuil.
Fauquembergue	18	11,444	Saint-Omer.	7e	Saint-Omer.
Fruges	25	12,284	Saint-Omer.	7e	Montreuil.
Guines	16	12,884	Saint-Omer.	7e	Boulogne.
Hesdin	23	13,296	Saint-Omer.	7e	Montreuil.
Heuchin	33	13,113	Béthune.	6e	Saint-Pol.
Houdain	31	22,553	Béthune.	6e	Béthune.
Hucqueliers	24	10,810	Saint-Omer.	7e	Montreuil.
Laventie	6	15,158	Béthune.	6e	Béthune.
Lens	22	29,985	Béthune.	6e	Béthune.
Lillers	9	18,302	Béthune.	6e	Béthune.
Lumbres	34	16,685	Saint-Omer.	7e	Saint-Omer.
Marquion	17	17,579	Arras.	5e	Arras.
Marquise	21	15,671	Saint-Omer.	7e	Boulogne.
Montreuil	26	19,657	Saint-Omer.	7e	Montreuil.
Norrent-Fontes	30	19,316	Béthune.	6e	Béthune.
Omer (Saint-) Nord	9	18,314	Saint-Omer.	7e	Saint-Omer.
Omer (Saint-) Sud	8	20,999	Saint-Omer.	7e	Saint-Omer.
Parcq (Le)	24	10,311	Béthune.	6e	Saint-Pol.
Pas	23	12,798	Arras.	5e	Arras.
Pol (Saint-)	43	15,382	Béthune.	6e	Saint-Pol.
Samer	20	16,655	Saint-Omer.	7e	Boulogne.
Vimy	28	19,891	Arras.	5e	Arras.
Vitry	28	20,024	Arras.	5e	Arras.
44	904	761,158			6

PUY-DE-DOME,

XIIIe RÉGION.
(Chef-lieu : CLERMONT-FERRAND.)

18e LÉGION DE GENDARMERIE.
(Chef-lieu : CLERMONT-FERRAND.)

SUBDIVISIONS . . { 1re RIOM . . . . 97e régiment territorial d'infanterie.
3e CLERMONT-FERRAND . . 99e idem.

CANTONS.	NOMBRE de communes.	POPULATION cantonale.	SUBDIVISIONS.	NUMÉRO du régiment territorial d'infanterie.	ARRONDISSEMENTS.
AIGUEPERSE	11	13,361	Riom.	97[e]	Riom.
AMANT-ROCHE-SAVINE (ST-)	5	5,963		99[e]	Ambert.
AMANT-TALLENDE (SAINT-).	9	8,840		99[e]	Clermont.
AMBERT	8	19,059		99[e]	Ambert.
ANTHÊME (SAINT-)	5	6,993	Clermont.	99[e]	
ARDES	16	8,586		99[e]	Issoire.
ARLANC	9	12,678		99[e]	Ambert.
BESSE	11	10,227		99[e]	Issoire.
BILLOM	10	12,867		99[e]	Clermont.
BOURG-LASTIC	7	6,884	Riom.	97[e]	
CHAMPEIX	17	9,666	Clermont.	99[e]	Issoire.
CHATELDON	6	8,485		97[e]	Thiers.
CLERMONT. Nord-Est . . .	7	12,683	Riom.	97[e]	
CLERMONT. Nord-Ouest . .	6	15,202		97[e]	Clermont.
CLERMONT. Sud-Ouest . .	4	17,281		97[e]	
CLERMONT. Sud-Est . . .	3	17,265	Clermont.	99[e]	
COMBRONDE	12	9,354		97[e]	Riom.
COURPIÈRE	10	15,801	Riom.	97[e]	Thiers.
CUNLHAT	4	9,342		99[e]	Ambert.
DIER (SAINT-)	10	13,515	Clermont.	99[e]	Clermont.
ENNEZAT	10	9,272	Riom.	97[e]	Riom.

CANTONS.	NOMBRE de communes.	POPULATION cantonale.	SUBDIVISIONS.	NUMÉRO du régiment territorial d'infanterie.	ARRONDISSEMENTS.
Germain-Lembron (Saint-)	16	9,780	Clermont.	99e	Issoire.
Germain-l'Herm (Saint-)	10	11,514	Clermont.	99e	Ambert.
Gervais (Saint-)	10	11,457	Riom.	97e	Riom.
Herment	6	3,522	Riom.	97e	Clermont.
Issoire	15	14,721	Clermont.	99e	Issoire.
Jumeaux	10	9,180	Clermont.	99e	Issoire.
Lezoux	12	12,619	Riom.	97e	Thiers.
Manzat	10	12,234	Riom.	97e	Riom.
Maringues	4	7,903	Riom.	97e	Thiers.
Menat	11	10,941	Riom.	97e	Riom.
Montaigut	10	10,695	Riom.	97e	Riom.
Olliergues	6	8,121	Clermont.	99e	Ambert.
Pionsat	10	9,392	Riom.	97e	Riom.
Pontaumur	15	13,136	Riom.	97e	Riom.
Pont-du-Chateau	6	10,625	Clermont.	99e	Clermont.
Pontgibaud	9	11,835	Riom.	97e	Riom.
Randan	10	8,948	Riom.	97e	Riom.
Remy (Saint-)	5	13,311	Riom.	97e	Thiers.
Riom — Est	9	13,105	Riom.	97e	Riom.
Riom — Ouest	6	12,036	Riom.	97e	Riom.
Rochefort	16	15,073	Riom.	97e	Clermont.
Sauxillanges	16	12,613	Clermont.	99e	Issoire.
Tauves	6	8,250	Clermont.	99e	Issoire.
Thiers	3	19,321	Riom.	97e	Thiers.
Tour (La) d'Auvergne	8	9,806	Clermont.	99e	Issoire.
Vertaizon	11	10,883	Clermont.	99e	Clermont.
Veyre-Monton	10	11,618	Clermont.	99e	Clermont.
Vic-le-Comte	13	12,852	Clermont.	99e	Clermont.
Viverols	7	7,648	Clermont.	99e	Ambert.
50	456	566,463			5

BASSES-PYRÉNÉES.

XVIIIe RÉGION. (Chef-lieu : BORDEAUX.)

30e LÉGION DE GENDARMERIE. (Chef-lieu : BAYONNE.)

SUBDIVISIONS . . { 6e BAYONNE. . . . . . . 142e régiment territorial d'infanterie.
{ 7e PAU . . . . 143e idem.

CANTONS.	NOMBRE de communes.	POPULATION cantonale.	SUBDIVISIONS.	NUMÉRO du régiment territorial d'infanterie.	ARRONDISSEMENTS.
ACCOUS	13	10,153		143[e]	Oloron.
ARAMITS	6	5,966		143[e]	
ARTHEZ	21	8,725	Pau.	143[e]	Orthez.
ARUDY	11	9,981		143[e]	Oloron.
ARZACQ	23	9,580		143[e]	Orthez.
BASTIDE-CLAIRENCE (LA)	5	6,796		142[e]	
BAYONNE. . Nord-Est	6	20,599		142[e]	
BAYONNE. . Nord-Ouest	5	21,802		142[e]	Bayonne.
BIDACHE	8	9,523	Bayonne.	142[e]	
ESPELETTE	7	8,222		142[e]	
ÉTIENNE-DE-BAIGORRY (St-)	10	10,285		142[e]	Mauléon.
GARLIN	20	7,473	Pau.	143[e]	Pau.
HASPARREN	7	9,037		142[e]	Bayonne.
IHOLDY	14	7,555		142[e]	Mauléon.
JEAN-DE-LUZ (SAINT-)	8	13,401	Bayonne.	142[e]	Bayonne.
JEAN-PIED-DE-PORT (St-)	19	10,594		142[e]	Mauléon.
LAGOR	21	8,756		143[e]	Orthez.
LARUNS	8	5,986		143[e]	Oloron.
LASSEUBE	5	4,607	Pau.	143[e]	
LEMBEYE	31	11,440		143[e]	
LESCAR	15	8,983		143[e]	Pau.
MAULÉON	19	11,575	Bayonne.	142[e]	Mauléon.
MONEIN	8	9,242		143[e]	Oloron.
MONTANER	15	5,129		143[e]	
MORLAAS	29	11,492		143[e]	Pau.
NAVARRENX	23	9,606		143[e]	Orthez.
NAY. . . . Est	15	13,090	Pau.	143[e]	
NAY. . . . Ouest	10	10,406		143[e]	Pau.
OLORON. . Est	17	12,741		143[e]	
OLORON. . Ouest	12	8,623		143[e]	Oloron.
ORTHEZ	13	13,890		143[e]	Orthez.
PALAIS (SAINT-)	29	13,292	Bayonne.	142[e]	Mauléon.
PAU. . . . Est	10	21,369		143[e]	
PAU. . . . Ouest	11	20,132		143[e]	Pau.
PONTACQ	12	9,103	Pau.	143[e]	
SALIES	14	12,124		143[e]	
SAUVETERRE	20	7,709		143[e]	Orthez.
TARDETS	16	9,008	Bayonne.	142[e]	Mauléon.
THÈZE	18	6,710	Pau.	143[e]	Pau.
USTARITZ	8	8,995	Bayonne.	142[e]	Bayonne.
40	558	426,700			5

HAUTES-PYRÉNÉES.

XVIIIe RÉGION.
(Chef-lieu : BORDEAUX.)

30e LÉGION DE GENDARMERIE.
(Chef-lieu : BAYONNE.)

SUBDIVISION. . . 8e TARBES . . . . 114e régiment territorial d'infanterie.

CANTONS.	NOMBRE de communes.	POPULATION cantonale.	SUBDIVISION.	NUMÉRO du régiment territorial d'infanterie.	ARRONDISSEMENTS.
ARGELÈS	23	10,748	Tarbes.	114e	Argelès.
ARREAU	19	6,625			Bagnères.
AUCUN	11	5,644			Argelès.
BAGNÈRES	18	18,731			Bagnères.
BORDÈRES	18	3,067			Id.
CAMPAN	4	6,195			Id.
CASTELNAU-MAGNOAC	30	10,878			Id.
CASTELNAU-RIVIÈRE-BASSE	8	4,291			Tarbes.
GALAN	10	4,847			Id.
LABARTHE	21	9,980			Bagnères.
LANNEMEZAN	27	10,509			Id.
LAURENT (SAINT-)	17	11,105			Id.
LOURDES	37	14,218			Argelès.
LUZ	16	6,233			Id.
MAUBOURGUET	11	8,237			Tarbes.
MAULÉON-BAROUSSE	25	7,458			Bagnères.
OSSUN	19	11,754			Tarbes.
PÉ (SAINT-)	4	3,971			Argelès.
POUYASTRUC	27	6,170			Tarbes.
RABASTENS	24	7,557			Id.
TARBES . . Nord	16	16,200			Id.
TARBES . . Sud	19	18,907			Id.
TOURNAY	27	10,557			Id.
TRIE	22	9,340			Id.
VIC	13	8,417			Id.
VIELLE-AURE	15	3,517			Bagnères.
26	480	235,156			3

PYRÉNÉES-ORIENTALES.

XVIe RÉGION.
(Chef-lieu : MONTPELLIER.)

26e LÉGION DE GENDARMERIE.
(Chef-lieu : PERPIGNAN.)

SUBDIVISION : 6e PERPIGNAN. . . . . 126e régiment territorial d'infanterie.

CANTONS.	NOMBRE de communes.	POPULATION cantonale.	SUBDIVISION.	NUMÉRO du régiment territorial d'infanterie.	ARRONDISSEMENTS.
ARGELÈS-SUR-MER.	12	17,587	Perpignan.	126^e	Céret.
ARLES-SUR-TECH.	10	8,093			Id.
CÉRET.	15	11,003			Id.
MILLAS	9	10,306			Perpignan.
MONTLOUIS	15	6,372			Prades.
OLETTE.	16	5,658			Id.
PAUL (SAINT-)	11	6,496			Perpignan.
PERPIGNAN. Est.	14	23,347			Id.
PERPIGNAN. Ouest. . . .	8	19,331			Id.
PRADES	20	12,474			Prades.
PRATS-DE-MOLLO	6	7,496			Céret.
RIVESALTES.	14	23,310			Perpignan.
SAILLAGOUSE	23	8,689			Prades.
SOURNIA.	11	3,474			Id.
THUIR.	20	9,359			Perpignan.
TOUR (LA).	11	7,297			Id.
VINÇA.	17	11,564			Prades.
17	231	191,856			3

HAUT-RHIN.

(TERRITOIRE DE BELFORT.)

VIIe RÉGION.
(Chef-lieu : Besançon.)

9e LÉGION DE GENDARMERIE.
(Chef-lieu : Besançon.)

SUBDIVISION. . . 1re Belfort . . . . 49e régiment territorial d'infanterie.

CANTONS.	NOMBRE de communes.	POPULATION cantonale.	SUBDIVISION.	NUMÉRO du régiment territorial d'infanterie.	ARRONDISSEMENT.
Belfort	32	17,694	Belfort.	49[e]	Belfort.
Delle	27	16,704			
Fontaine	21	5,795			
Giromagny	19	13,087			
Rougemont-le-Chateau [1].	7	3,501			
5	106	56,781			1

[1] Chef-lieu de canton des communes restées françaises de l'ancien canton de Massevaux.

RHONE.

Le département du Rhône est réparti entre les VIIe, VIIIe, XIIIe et XIVe régions.

20e LÉGION DE GENDARMERIE.
(Chef-lieu : Lyon.)

Nota. — Le bureau de recrutement de Lyon forme une circonscription de recrutement avec les six arrondissements de Lyon et les cantons de Saint-Genis-Laval, Givors, Neuville et Villeurbanne.

Il n'administre que les hommes appartenant à cette partie du département.

Les autres cantons du Rhône font partie intégrante des subdivisions auxquelles ils appartiennent.

CANTONS.	NOMBRE de communes.	POPULATION.	BUREAUX de recrutement chargés de l'administration des hommes.	NUMÉROS du corps d'armée.	NUMÉROS de la subdivision.	SUBDIVISIONS qui reçoivent des appoints du bureau de Lyon (réserve et armée territor^le^).	NUMÉROS du rég. territorial d'infanterie.	ARRONDISSEMENTS.
Amplepuis	5	13,528	Mâcon.	VIIIe	4^e^	......	60^e^	Villefranche.
Anse	15	10,563	Mâcon.	VIIIe	4^e^	......	60^e^	Villefranche.
Arbresle (L')	17	17,733	Montbrison.	XIIIe	7^e^	......	103^e^	Lyon.
Beaujeu	18	21,264	Mâcon.	VIIIe	4^e^	......	60^e^	Villefranche.
Belleville	13	16,016	Mâcon.	VIIIe	4^e^	......	60^e^	Villefranche.
Bois-d'Oingt (Le)	19	14,980	Mâcon.	VIIIe	4^e^	......	60^e^	Villefranche.
Condrieu	10	9,283	Montbrison.	XIIIe	7^e^	......	103^e^	Lyon.
Genis-Laval (Saint-)	11	24,414	Lyon.	XIVe	8^e^	Gap.	112^e^	Lyon.
Givors	10	16,498	Lyon.	XIVe	5^e^	Vienne.	109^e^	Lyon.
Laurent (Saint-)	14	15,780	Montbrison.	XIIIe	7^e^	......	103^e^	Lyon.
Limonest	12	14,605	Montbrison.	XIIIe	7^e^	......	103^e^	Lyon.
Lyon (1er arrondissement — 3e canton)	1	58,842	Lyon.	XIVe	7^e^	Montélimar.	111^e^	Lyon.
Lyon (2e arrondissement — 1er et 2e cantons)	1	68,773	Lyon.	XIVe	8^e^	Gap.	112^e^	Lyon.
Lyon (3e arrondissement — 8e canton)	1	57,444	Lyon.	XIVe	6^e^	Romans.	110^e^	Lyon.
Lyon (4e arrondissement — 4e canton)	1	33,222	Lyon.	VIIe	3^e^	Langres.	51^e^	Lyon.
Lyon (5^e^ arrondissement (5^e^ et 6^e^ cantons)	1	49,982	Lyon.	VIIe	4^e^	Chaumont.	52^e^	Lyon.
Lyon (6^e^ arrondissement — 7^e^ canton)	1	39,088	Lyon.	XIVe	5^e^	Vienne.	109^e^	Lyon.
Monsols	13	11,563	Mâcon.	VIIIe	4^e^	......	60^e^	Villefranche.
Mornant	12	10,992	Montbrison.	XIIIe	7^e^	......	103^e^	Lyon.
Mure (La)	10	13,623	Mâcon.	VIIIe	4^e^	......	60^e^	Villefranche.
Neuville	14	20,101	Lyon.	VIIe	4^e^	Chaumont.	52^e^	Lyon.
Symphorien (Saint-)	10	12,755	Montbrison.	XIIIe	7^e^	......	103^e^	Lyon.
Tarare	16	28,085	Mâcon.	VIIIe	4^e^	......	60^e^	Villefranche.
Thyzy	8	17,792	Mâcon.	VIIIe	4^e^	......	60^e^	Villefranche.
Vaugneray	17	18,239	Montbrison.	XIIIe	7^e^	......	103^e^	Lyon.
Villefranche	15	24,539	Mâcon.	VIIIe	4^e^	......	60^e^	Villefranche.
Villeurbanne	4	29,648	Lyon.	XIVe	7^e^	Montélimar.	111^e^	Lyon.
29	264	670,217						2

HAUTE-SAONE.

VIIe RÉGION.
(Chef-lieu : Besançon.)

9e LÉGION DE GENDARMERIE.
(Chef-lieu : Besançon.)

SUBDIVISIONS . . { 1re Belfort . . . . 49e régiment territorial d'infanterie.
2e Vesoul . . . . 50e idem.
3e Langres . . . . 51e idem.

CANTONS.	NOMBRE de communes.	POPULATION cantonale.	SUBDIVISIONS.	NUMÉRO du régiment territorial d'infanterie.	ARRONDISSEMENTS.
Amance	13	7,968	Vesoul.	50e	Vesoul.
Autrey	17	8,442	Langres.	51e	Gray.
Champagney	9	13,849	Belfort.	49e	Lure.
Champlitte	17	8,309	Langres.	51e	Gray.
Combeaufontaine	17	7,585	Vesoul.	50e	Vesoul.
Dampierre-sur-Salon	31	10,981	Langres.	51e	Gray.
Faucogney	16	12,023	Vesoul.	50e	Lure.
Fresne-Saint-Mamès	18	8,013		51e	
Gray	23	15,694	Langres.	51e	Gray.
Gy	20	9,157		51e	
Héricourt	26	12,167		50e	Lure.
Jussey	22	14,714		50e	Vesoul.
Loup (Saint-)	13	16,867	Vesoul.	50e	
Lure	28	17,132		50e	Lure.
Luxeuil	24	15,558		50e	
Marnay	19	6,835	Langres.	51e	Gray.
Mélisey	12	12,491		50e	Lure.
Montbozon	30	8,369	Vesoul.	50e	
Noroy-le-Bourg	16	7,052		50e	Vesoul.
Pesmes	20	7,913	Langres.	51e	Gray.
Port-sur-Saône	17	8,227		50e	
Rioz	29	8,581		50e	Vesoul.
Saulx	18	7,227		50e	Lure.
Scey-sur-Saône	25	9,861		50e	Vesoul.
Vauvillers	23	10,105	Vesoul.	50e	Lure.
Vesoul	24	17,250		50e	Vesoul.
Villersexel	34	11,931		50e	Lure.
Vitrey	22	8,787		50e	Vesoul.
28	588	303,088			3

SAÔNE-ET-LOIRE.

VIIIe RÉGION.
(Chef-lieu : Bourges.)

11e LÉGION DE GENDARMERIE.
(Chef-lieu : Bourges.)

SUBDIVISIONS . .
- 1re Auxonne. . . . . . . 57e régiment territorial d'infanterie.
- 3e Châlon-sur-Saône . . 59e idem.
- 4e Mâcon . . . . 60e idem.
- 7e Autun . . . . 63e idem.

CANTONS.	NOMBRE de communes.	POPULATION cantonale.	SUBDIVISIONS.	NUMÉRO du régiment territorial d'infanterie.	ARRONDISSEMENTS.
Autun	9	19,862	Autun.	63[e]	Autun.
Beaurepaire	7	9,215	Châlon.	59[e]	Louhans.
Bonnet-de-Joux (Saint-) .	7	7,131	Autun.	63[e]	Charolles.
Bourbon-Lancy.	10	10,129		63[e]	
Buxy	29	15,766	Châlon.	59[e]	Châlon.
Chagny.	14	15,511	Auxonne.	57[e]	
Chalon-sur-Saône. Nord.	10	24,196	Châlon.	59[e]	
Chalon-sur-Saône. Sud. .	13	9,995		59[e]	
Chapelle-de-Guinchay (La)	12	10,802	Mâcon.	60[e]	Mâcon.
Charolles	14	12,113	Autun.	63[e]	Charolles.
Chauffailles.	10	13,297		63[e]	
Clayette (La)	17	13,371		63[e]	
Cluny	25	17,731	Châlon.	59[e]	Mâcon.
Couches-les-Mines	15	13,489	Autun.	63[e]	Autun.
Creusot (Le)	4	26,195		63[e]	
Cuiseaux	9	10,176	Châlon.	59[e]	Louhans.
Cuisery.	10	9,573		59[e]	
Digoin	6	7,315	Autun.	63[e]	Charolles.
Épinac	11	11,192		63[e]	Autun.
Gengoux (Saint-)	19	10,883	Châlon.	59[e]	Mâcon.

CANTONS.	NOMBRE de communes.	POPULATION cantonale.	SUBDIVISIONS.	NUMÉRO du régiment territorial d'infanterie.	ARRONDISSEMENTS.
Germain-du-Bois (Saint-).	13	12,927		59e	Louhans.
Germain-du-Plain (Saint-)	7	7,864	Châlon.	59e	Châlon.
Givry	18	13,333		59e	
Gueugnon	9	8,712		63e	Charolles.
Guiche (La)	11	7,609	Autun.	63e	
Issy-l'Évêque	7	5,797		63e	Autun.
Léger-sous-Beuvray (St-).	7	8,052		63e	
Louhans	10	14,827	Châlon.	59e	Louhans.
Lucenay-l'Évêque	12	14,286	Autun.	63e	Autun.
Lugny	16	11,893	Châlon.	59e	Mâcon.
Macon. . Nord	16	17,200	Mâcon.	60e	
Macon. . Sud	11	16,923		60e	
Marcigny	12	12,019	Autun.	63e	Charolles.
Martin-en-Bresse (St-)	9	5,853	Auxonne.	57e	Châlon.
Matour	9	8,694	Mâcon.	60e	Mâcon.
Mesvres	12	8,264	Autun.	63e	Autun.
Mont-Cenis	8	10,678		63e	
Montpont	5	7,080		59e	Louhans.
Mont-Saint-Vincent	14	21,074	Châlon.	59e	Châlon.
Montret	9	7,100		59e	Louhans.
Palinges	8	7,903	Autun.	63e	Charolles.
Paray-le-Monial	11	8,753		63e	
Pierre-en-Bresse (Saint-)	18	14,999	Auxonne.	57e	Louhans.
Semur-en-Brionnais	14	12,666	Autun.	63e	Charolles.
Sennecey-le-Grand	18	14,086	Châlon.	59e	Châlon.
Toulon-sur-Arroux	8	9,928	Autun.	63e	Charolles.
Tournus	14	17,183	Châlon.	59e	Mâcon.
Tramayes	9	8,014	Mâcon.	60e	
Verdun-sur-Doubs	24	16,685	Auxonne.	57e	Châlon.
49	588	598,344			5

SARTHE.

IVe RÉGION
(Chef-lieu : LE MANS.)

5e LÉGION DE GENDARMERIE.
(Chef-lieu : LE MANS.)

SUBDIVISIONS . . { 3e MAMERS. . . . . 27e régiment territorial d'infanterie.
4e LE MANS . . . . 28e idem.

CANTONS.	NOMBRE de communes.	POPULATION cantonale.	SUBDIVISIONS.	NUMÉRO du régiment territorial d'infanterie.	ARRONDISSEMENTS.
BALLON	13	14,212		27e	Le Mans.
BEAUMONT-SUR-SARTHE . .	15	13,541	Mamers.	27e	Mamers.
BONNÉTABLE	10	10,130		27e	
BOULOIRE.	8	10,636		27e	Saint-Calais.
BRULON.	15	11,472	Le Mans.	28e	La Flèche.
CALAIS (SAINT-)	14	13,169	Mamers.	27e	
CHARTRE (LA)	9	9,178		27e	Saint-Calais.
CHATEAU-DU-LOIR	11	11,744		28e	
CONLIE	15	13,628	Le Mans.	28e	Le Mans.
ÉCOMMOY	11	16,204		28e	
FERTÉ-BERNARD (LA) . . .	14	13,532	Mamers.	27e	Mamers.
FLÈCHE (LA)	9	18,440	Le Mans.	28e	La Flèche.
FRESNAY	12	15,420		27e	Mamers.
FRESNAYE (LA)	13	6,408	Mamers.	27e	
GRAND-LUCÉ (LE)	8	9,316		27e	Saint-Calais.
LOUÉ	14	13,483		28e	Le Mans.
LUDE (LE).	9	12,043	Le Mans.	28e	La Flèche.
MALICORNE	11	11,570		28e	
MAMERS.	21	15,752	Mamers.	27e	Mamers.
MANS (LE) 1er canton . . .	6	35,676	Le Mans.	28e	
MANS (LE) 2e id. . . .	7	19,232		28e	Le Mans.
MANS (LE) 3e id. . . .	12	17,583	Mamers.	27e	
MAROLLES-LES-BRAUX . . .	18	12,136		27e	Mamers.
MAYET	7	11,309	Le Mans.	28e	La Flèche.
MONTFORT-LE-ROTROU. . .	16	16,036		27e	Le Mans.
MONTMIRAIL.	9	8,022	Mamers.	27e	Mamers.
PATERNE (SAINT-)	17	11,509		27e	
PONTVALLAIN	9	12,378		28e	La Flèche.
SABLÉ.	15	19,432	Le Mans.	28e	
SILLÉ-LE-GUILLAUME . . .	10	15,252		28e	Le Mans.
SUZE (LA)	10	10,827		28e	
TUFFÉ	13	8,448	Mamers.	27e	Mamers.
VIBRAYE.	6	8,885		27e	Saint-Calais.
33	386	446,603			4

SAVOIE.

XIVe RÉGION.
(Chef-lieu : GRENOBLE.)

21e LÉGION DE GENDARMERIE.
(Chef-lieu : CHAMBÉRY.)

SUBDIVISION : 4e CHAMBÉRY. . . . . 108e régiment territorial d'infanterie.

CANTONS.	NOMBRE de communes.	POPULATION cantonale.	SUBDIVISION.	NUMÉRO du régiment territorial d'infanterie.	ARRONDISSEMENTS.
AIGUEBELLE.	14	10,865			St-Jean-de-Maurienne.
AIME	12	7,999			Moutiers.
AIX-LES-BAINS.	14	13,610			Chambéry.
ALBENS	9	6,545			Id.
ALBERTVILLE	18	14,819			Albertville.
BEAUFORT.	4	6,069			Id.
BOURG-SAINT-MAURICE. . .	9	8,932			Moutiers.
BOZEL.	9	5,950			Id.
CHAMBÉRY. Nord.	11	15,322			Chambéry.
CHAMBÉRY. Sud	9	17,547			Id.
CHAMBRE (LA).	13	9,800			St-Jean-de-Maurienne.
CHAMOUX	10	7,441			Chambéry.
CHATELARD (LE).	14	10,649			Id.
ÉCHELLES (LES)	11	7,626			Id.
GENIX (SAINT-)	10	6,910	Chambéry.	108e	Id.
GRÉSY-SUR-ISÈRE	11	7,878			Albertville.
JEAN-DE-MAURIENNE (St-). .	20	14,514			St-Jean-de-Maurienne.
LANSLEBOURG	7	5,639			Id.
MICHEL (SAINT-).	7	6,190			Id.
MODANE.	8	6,068			Id.
MONTMÉLIAN	14	10,257			Chambéry.
MOTTE-SERVOLEX (LA). . .	9	9,771			Id.
MOUTIERS.	25	12,907			Moutiers.
PIERRE-D'ALBIGNY (SAINT-)	5	7,037			Chambéry.
PONT-DE-BEAUVOISIN . . .	12	7,474			Id.
ROCHETTE (LA)	12	8,073			Id.
RUFFIEUX	8	5,953			Id.
UGINE.	9	7,070			Albertville.
YENNE	11	9,013			Chambéry.
29	327	267,958			4

HAUTE-SAVOIE.

XIVe RÉGION.
(Chef-lieu : GRENOBLE.

21e LÉGION DE GENDARMERIE.
(Chef-lieu : CHAMBÉRY.)

SUBDIVISION. . . 3e ANNECY . . . . 107e régiment territorial d'infanterie.

CANTONS.	NOMBRE de communes.	POPULATION cantonale.	SUBDIVISION.	NUMÉRO du régiment territorial d'infanterie.	ARRONDISSEMENTS.
ABONDANCE	8	6,578	Annecy.	107e	Thonon.
ALBY	12	8,467			Annecy.
ANNECY . . { Nord.	24	20,838			Id.
ANNECY . . { Sud	18	14,261			Id.
ANNEMASSE	14	9,604			Saint-Julien.
BIOT (LE)	9	7,374			Thonon.
BOËGE.	8	5,978			Id.
BONNEVILLE.	15	13,817			Bonneville.
CHAMONIX.	4	4,692			Id.
CLUSES	10	9,174			Id.
CRUSEILLES	11	7,490			Saint-Julien.
DOUVAINE.	16	10,485			Thonon.
ÉVIAN-LES-BAINS	13	12,382			Id.
FAVERGES.	10	8,719			Annecy.
FRANGY.	13	8,125			Saint-Julien.
GERVAIS-LES-BAINS (St-) . .	4	5,024			Bonneville.
JEOIRE (SAINT-)	6	7,372			Id.
JULIEN (SAINT-)	18	11,384			Saint-Julien.
REIGNIER	9	9,386			Id.
ROCHE (LA)	11	9,043			Bonneville.
RUMILLY	20	16,440			Annecy.
SALLANCHES.	9	8,483			Bonneville.
SAMOËNS	4	4,934			Id.
SEYSSEL.	11	7,715			Saint-Julien.
TANINGES.	5	7,294			Bonneville.
THÔNES	9	10,748			Annecy.
THONON.	17	19,811			Thonon.
THORENS	6	7,409			Annecy.
28	313	273,027			4

SEINE.

Le département de la Seine est réparti entre les IIe, IIIe, IVe et Ve régions.

1re LÉGION DE GENDARMERIE.

(Chef-lieu : PARIS.)

Le service du recrutement dans le département de la Seine est assuré par un bureau central et par quatre bureaux annexes correspondant aux 2e, 3e, 4e et 5e corps d'armée, corps auxquels la Seine fournit des appoints.

Le bureau central, établi rue Saint-Dominique-Saint-Germain, n° 147, est spécialement chargé:

1° Des opérations de la révision des jeunes soldats étrangers au département de la Seine;

2° De la répartition du contingent départemental entre les quatre bureaux annexes;

3° De la tenue du répertoire général de l'insoumission;

4° Des engagements et rengagements, ainsi que des engagements conditionnels d'un an;

5° Des réformes par congés, nos 1 et 2;

6° De l'administration des étrangers au département en résidence dans la Seine (registre n° 3);

7° Du service général des non-disponibles;

8° De la mise en route des jeunes soldats étrangers au département de la Seine qui y résident au moment de leur appel à l'activité.

Les quatre bureaux annexes établis, savoir:

Le 1er bureau, correspondant	au 2e corps,	au poste-caserne	n° 5	(porte de la chapelle Saint-Denis),
Le 2e	id.	3e	id.	n° 8 (porte de Passy),
Le 3e	id.	4e	id.	n° 12 (porte de Vanves),
Le 4e	id.	5e	id.	n° 1 (porte de Charenton),

sont chargés, pour les hommes compris dans leur circonscription, des autres parties du service :

1° Opérations de la révision des arrondissements de Paris et des cantons du département de la Seine;

2° Tenue du registre matricule prescrit par l'article 33;

3° Sous-répartition et mise en route des jeunes soldats;

4° Détails de l'insoumission;

5° Administration et mobilisation de la disponibilité, de la réserve et de l'armée territoriale;

6° Administration des étrangers au département domiciliés dans la Seine (liste nominative).

Les commandants de ces bureaux correspondent directement, pour les envois de pièces et pour les détails du service, avec les préfets, les intendants militaires, les conseils d'administration des corps, les commandants de recrutement, les commandants de brigade de gendarmerie, etc....

ARRONDISSEMENTS DE PARIS et cantons de la Seine.	NOMBRE de communes.	POPULATION.	BUREAUX de recruteme chargés de l'administrat des hommes
1er ARRONDISSEMENT : LE LOUVRE		74,286	2e bureau.
2e — LA BOURSE		73,578	4e bureau.
3e — LE TEMPLE		89,687	
4e — L'HÔTEL DE VILLE		95,008	
5e — LE PANTHÉON		96,689	3e bureau.
6e — LE LUXEMBOURG		90,288	
7e — LE PALAIS-BOURBON		78,553	
8e — L'ÉLYSÉE		75,796	2e bureau.
9e — L'OPÉRA		103,767	
10e — L'ENCLOS-SAINT-LAURENT	1	135,392	1er bureau.
11e — POPINCOURT		167,393	4e bureau.
12e — REUILLY		87,678	
13e — LES GOBELINS		69,431	3e bureau.
14e — L'OBSERVATOIRE		69,611	
15e — VAUGIRARD		75,449	
16e — PASSY		43,332	2e bureau.
17e — BATIGNOLLES-MONTCEAUX		101,804	
18e — LA BUTTE-MONTMARTRE		138,109	
19e — LES BUTTES-CHAUMONT		93,174	1er bureau.
20e — MÉNILMONTANT		92,772	
CHARENTON	10	39,714	4e bureau.
COURBEVOIE	7	46,569	2e bureau.
DENIS (SAINT-)	10	59,497	1er bureau.
NEUILLY	4	68,999	2e bureau.
PANTIN	10	31,841	1er bureau.
SCEAUX	12	35,930	3e bureau.
VILLEJUIF	12	41,729	
VINCENNES	6	43,989	4e bureau.
28 *	72	2,220,060	

* Voir le premier renvoi de la page 12.

UMÉRO du corps l'armée.	SUBDIVISIONS qui reçoivent des appoints pour l'armée active.	NUMÉROS des régiments d'infanterie de l'armée territoriale entre lesquels se répartissent les hommes des arrondissements de Paris et des cantons de la Seine.	ARRONDISSEMENTS.
IIIe	Toutes les subdivisions moins la 5e, Rouen (Nord).	17e, 18e, 19e, 20e, 22e, 23e et 24e.	
Ve	Sens, Fontainebleau, Melun, Coulommiers.	33e, 34e, 35e et 36e.	
IVe	Les 8 subdivisions.	25e, 26e, 27e, 28e, 29e, 30e, 31e et 32e.	
IIIe	Toutes les subdivisions moins la 5e, Rouen (Nord).	17e, 18e, 19e, 20e, 22e, 23e et 24e.	
IIe	Toutes les subdivisions moins la 2e, Saint-Quentin.	9e, 11e, 12e, 13e, 14e, 15e et 16e.	Paris.
Ve	Sens, Fontainebleau, Melun, Coulommiers.	33e, 34e, 35e et 36e.	
IVe	Les 8 subdivisions.	25e, 26e, 27e, 28e, 29e, 30e, 31e et 32e.	
IIIe	Toutes les subdivisions moins la 5e, Rouen (Nord).	17e, 18e, 19e, 20e, 22e, 23e et 24e.	
IIe	Toutes les subdivisions moins la 2e, Saint-Quentin.	9e, 11e, 12e, 13e, 14e, 15e et 16e.	
Ve	Sens, Fontainebleau, Melun, Coulommiers.	33e, 34e, 35e et 36e.	Sceaux.
IIIe	Toutes les subdivisions moins la 5e, Rouen (Nord).	17e, 18e, 19e, 20e, 22e, 23e et 24e.	
IIe	Toutes les subdivisions moins la 2e, Saint-Quentin.	9e, 11e, 12e, 13e, 14e, 15e et 16e.	Saint-Denis.
IIIe	Toutes les subdivisions moins la 5e, Rouen (Nord).	17e, 18e, 19e, 20e, 22e, 23e et 24e.	
IIe	Toutes les subdivisions moins la 2e, Saint-Quentin.	9e, 11e, 12e, 13e, 14e, 15e et 16e.	
IVe	Les 8 subdivisions.	25e, 26e, 27e, 28e, 29e, 30e, 31e et 32e.	Sceaux.
Ve	Sens, Fontainebleau, Melun, Coulommiers.	33e, 34e, 35e et 36e.	
			3

SEINE-INFÉRIEURE.

IIIe RÉGION.
(Chef-lieu : ROUEN.)

4e LÉGION DE GENDARMERIE.
(Chef-lieu : ROUEN.)

SUBDIVISIONS . .
- 5e ROUEN (Nord) . . . . . 21e régiment territorial d'infanterie.
- 6e ROUEN (Sud) . . . . . 22e idem.
- 8e LE HAVRE . . . . . . 24e idem.

CANTONS.	NOMBRE de communes.	POPULATION cantonale.	SUBDIVISIONS.	NUMÉRO du régiment territorial d'infanterie.	ARRONDISSEMENTS.
ARGUEIL	15	7,275	Rouen (Nord).	21e	Neufchâtel.
AUMALE	13	7,633	Rouen (Nord).	21e	Neufchâtel.
BACQUEVILLE	25	15,554	Rouen (Nord).	21e	Dieppe.
BELLENCOMBRE	15	7,681	Rouen (Nord).	21e	Dieppe.
BLANGY	23	13,454	Rouen (Nord).	21e	Neufchâtel.
BOLBEC	14	20,245	Le Havre.	24e	Le Havre.
BOOS	17	10,456	Rouen (Sud).	22e	Rouen.
BUCHY	21	7,338	Rouen (Nord).	21e	Rouen.
CANY-BARVILLE	19	12,614	Le Havre.	24e	Yvetot.
CAUDEBEC-EN-CAUX	15	10,623	Le Havre.	24e	Yvetot.
CLÈRES	22	12,264	Rouen (Nord).	21e	Rouen.
CRIQUETOT-L'ESNEVAL . . .	21	12,647	Le Havre.	24e	Le Havre.
DARNÉTAL	20	18,384	Rouen (Nord).	21e	Rouen.
DIEPPE	9	24,230	Rouen (Nord).	21e	Dieppe.
DOUDEVILLE	17	13,220	Le Havre.	24e	Yvetot.
DUCLAIR	20	12,195	Rouen (Nord).	21e	Rouen.
ELBEUF	10	46,024	Rouen (Sud).	22e	Rouen.
ENVERMEU	30	13,914	Rouen (Nord).	21e	Dieppe.
EU	22	16,093	Rouen (Nord).	21e	Dieppe.
FAUVILLE	18	11,624	Le Havre.	24e	Yvetot.
FÉCAMP	12	21,589	Le Havre.	24e	Le Havre.

CANTONS.	NOMBRE de communes.	POPULATION cantonale.	SUBDIVISIONS.	NUMÉRO du régiment territorial d'infanterie.	ARRONDISSEMENTS.
Fontaine-le-Dun	16	9,735	Le Havre.	24e	Yvetot.
Forges-les-Eaux	21	11,494	Rouen (Nord).	21e	Neufchâtel.
Goderville	23	13,997	Le Havre.	24e	Le Havre.
Gournay	16	10,125	Rouen (Nord).	21e	Neufchâtel.
Grand-Couronne	13	28,675	Rouen (Sud).	22e	Rouen.
Le Havre. Nord	4	9,731	Le Havre.	24e	Le Havre.
Le Havre. Est et Sud	1	86,825		24e	
Lillebonne	14	11,520		24e	
Londinières	17	8,010	Rouen (Nord).	21e	Neufchâtel.
Longueville	23	7,464		21e	Dieppe.
Maromme	13	22,665		21e	Rouen.
Montivilliers	15	14,748	Le Havre.	24e	Le Havre.
Neufchatel	22	12,075	Rouen (Nord).	21e	Neufchâtel.
Offranville	18	10,842		21e	Dieppe.
Ourville	16	10,001	Le Havre.	24e	Yvetot.
Pavilly	21	14,675	Rouen (Nord).	21e	Rouen.
Romain de Colbosc (St-)	19	11,322	Le Havre.	24e	Le Havre.
Rouen. 1er canton	1	14,569	Rouen (Nord).	21e	Rouen.
Rouen. 2e canton	1	12,130		21e	
Rouen. 3e canton	1	16,263		21e	
Rouen. 4e canton	1	15,274		21e	
Rouen. 5e canton	1	23,327		21e	
Rouen. 6e canton	1	20,907	Rouen (Sud).	22e	
Saëns (Saint-)	15	8,320	Rouen (Nord).	21e	Neufchâtel.
Tôtes	26	12,676		21e	Dieppe.
Valery-en-Caux (Saint-)	14	13,426	Le Havre.	24e	Yvetot.
Valmont	23	16,294		24e	
Yerville	19	11,192		24e	
Yvetot	11	16,683		24e	
51	759	790,022			5

SEINE-ET-MARNE.

Ve RÉGION. (Chef-lieu : ORLÉANS.)

6e LÉGION DE GENDARMERIE. (Chef-lieu : ORLÉANS.)

SUBDIVISIONS . .
- 2e FONTAINEBLEAU. . . . 34e régiment territorial d'infanterie.
- 3e MELUN . . . . 35e idem.
- 4e COULOMMIERS. . . . . 36e idem.

CANTONS.	NOMBRE de communes.	POPULATION cantonale.	SUBDIVISIONS.	NUMÉRO du régiment territorial d'infanterie.	ARRONDISSEMENTS.
BRAY-SUR-SEINE.	24	11,483	Fontainebleau.	34^e	Provins.
BRIE-COMTE-ROBERT . . .	16	10,258	Melun.	35^e	Melun.
CHAPELLE-LA-REINE (LA) .	18	8,547	Fontainebleau.	34^e	Fontainebleau.
CHÂTEAU-LANDON	15	11,837		34^e	
CHÂTELET (LE)	13	7,954	Melun.	35^e	Melun.
CLAYE.	23	10,575	Coulommiers.	36^e	Meaux.
COULOMMIERS	14	15,268		36^e	Coulommiers.
CRÉCY.	22	10,884		36^e	Meaux.
DAMMARTIN-EN-GOËLE. . .	23	9,884		36^e	
DONNEMARIE-EN-MONTOIS .	20	9,052	Fontainebleau.	34^e	Provins.
FERTÉ-GAUCHER (LA) . . .	19	12,044	Coulommiers.	36^e	Coulommiers.
FERTÉ-SOUS-JOUARRE (LA).	19	15,167		36^e	Meaux.
FONTAINEBLEAU.	6	15,312	Fontainebleau.	34^e	Fontainebleau.
LAGNY	29	16,306	Coulommiers	36^e	Meaux.
LIZY-SUR-OURCQ.	23	11,055		36^e	
LORREZ-LE-BOCAGE	17	10,120	Fontainebleau.	34^e	Fontainebleau.
MEAUX	15	19,007	Coulommiers.	36^e	Meaux.
MELUN . . Nord	16	13,865	Melun.	35^e	Melun.
MELUN . . Sud.	15	11,509		35^e	
MONTEREAU-FAUT-YONNE .	14	13,286	Fontainebleau.	34^e	Fontainebleau.
MORET-SUR-LOING	15	10,103		34^e	
MORMANT	21	10,288	Melun.	35^e	Melun.
NANGIS	18	9,904	Fontainebleau.	34^e	Provins.
NEMOURS	16	10,663		34^e	Fontainebleau.
PROVINS.	14	13,152		34^e	Provins.
REBAIS	18	10,846	Coulommiers	36^e	Coulommiers.
ROZOY.	26	13,500	Melun.	35^e	
TOURNAN	14	9,683		35^e	Melun.
VILLIERS-SAINT-GEORGES .	24	9,938	Fontainebleau.	34^e	Provins.
29	520	311,490			5

SEINE-ET-OISE.

Le département de Seine-et-Oise est réparti entre les IIe, IIIe, IVe et Ve régions.

1re LÉGION DE GENDARMERIE.
(Chef-lieu : PARIS.)

Le service du recrutement dans le département de Seine-et-Oise est centralisé en entier au bureau de Versailles.

Ce bureau fournit des appoints aux subdivisions indiquées dans le tableau ci-après :

CANTONS.	NOMBRE de communes.	POPULATION cantonale.	NUMÉROS du corps d'armée.	NUMÉROS de la subdivision.	SUBDIVISIONS qui reçoivent des appoints.	NUMÉRO du régiment territorial d'infanterie.	ARRONDISSEMENTS.
ARGENTEUIL	11	22,216	IIIe	5e	Rouen (Nord).	21e	Versailles.
ARPAJON	19	15,177	Ve	1re	Sens.	33e	Corbeil.
BOISSY-SAINT-LÉGER	25	17,441	Ve	4e	Coulommiers.	36e	
BONNIÈRES	27	10,076	IIIe	2e	Évreux.	18e	Mantes.
CHEVREUSE	20	10,066	IVe	5e	Dreux.	29e	Rambouillet.
CORBEIL	25	22,766	Ve	2e	Fontainebleau.	34e	Corbeil.
DOURDAN — Nord	18	10,886	IVe	6e	Chartres.	30e	Rambouillet.
DOURDAN — Sud	23	12,000				30e	
ÉCOUEN	22	11,310	IIe	1re	Soissons.	9e	Pontoise.
ÉTAMPES	14	13,850	Ve	3e	Melun.	35e	Étampes.
FERTÉ-ALAIS (LA)	18	9,071	Ve	3e		35e	
GERMAIN-EN-LAYE (SAINT-)	11	36,206	IIIe	5e	Rouen (Nord).	21e	Versailles.
GONESSE	23	20,043	IIe	1re	Soissons.	9e	Pontoise.
HOUDAN	30	12,270	IIIe	2e	Évreux.	18e	Mantes.
ISLE-ADAM (L')	23	15,949	IIe	4e	Amiens.	12e	Pontoise.
LIMAY	17	7,791	IIIe	2e	Évreux.	18e	Mantes.
LIMOURS	14	7,981	IVe	6e	Chartres.	30e	Rambouillet.
LONGJUMEAU	24	15,833	Ve	1re	Sens.	33e	Corbeil.
LUZARCHES	22	10,534	IIe	5e	Compiègne.	13e	Pontoise.
MAGNY	28	11,523	IIIe	2e	Évreux.	18e	Mantes.
MANTES	23	14,462	IIIe	2e		18e	
MARINES	37	13,071	IIe	3e	Beauvais.	11e	Pontoise.
MARLY-LE-ROI	16	21,459	IIIe	1re	Bernay.	17e	Versailles.
MÉRÉVILLE	20	8,691	Ve	3e	Melun.	35e	Étampes.
MEULAN	20	12,527	IIIe	2e	Évreux.	18e	Versailles.
MILLY	17	8,149	Ve	3e	Melun.	35e	Étampes.
MONTFORT-L'AMAURY	28	13,451	IVe	5e	Dreux.	29e	Rambouillet.
MONTMORENCY	21	20,396	IIe	5e	Compiègne.	13e	Pontoise.
PALAISEAU	17	11,297	III	6e	Rouen (Sud).	22e	Versailles.
POISSY	17	17,714	IIIe	2e	Évreux.	18e	
PONTOISE	17	17,129	IIe	4e	Amiens.	12e	Pontoise.
RAMBOUILLET	17	12,593	IVe	5e	Dreux.	29e	Rambouillet.
SÈVRES	8	41,018	IIIe	6e	Rouen (Sud).	22e	Versailles.
VERSAILLES — Nord	2	24,875	IIIe	1re	Bernay.	17e	
VERSAILLES — Ouest	9	11,916				17e	
VERSAILLES — Sud	5	38,413				17e	
36	685	580,180					6

DEUX-SÈVRES.

IXe RÉGION. (Chef-lieu : TOURS.)

13e LÉGION DE GENDARMERIE. (Chef-lieu : POITIERS.)

SUBDIVISIONS . . { 3e PARTHENAY. . . . . . 67e régiment territorial d'infanterie.
4e POITIERS. . . . . . . 68e idem.

CANTONS.	NOMBRE de communes.	POPULATION cantonale.	SUBDIVISIONS.	NUMÉRO du régiment territorial d'infanterie.	ARRONDISSEMENTS.
AIRVAULT.	9	6,771		67^e^	Parthenay.
ARGENTON-CHATEAU. . . .	19	13,053	Parthenay.	67^e^	Bressuire.
BEAUVOIR.	14	5,942		67^e^	Niort.
BRESSUIRE.	13	14,018		67^e^	Bressuire.
BRIOUX	21	10,218	Poitiers.	68^e^	Melle.
CELLES	12	10,507		68^e^	
CERISAY.	13	12,475		67^e^	Bressuire.
CHAMPDENIERS.	12	7,893	Parthenay.	67^e^	Niort.
CHATILLON-SUR-SÈVRE. . .	14	15,633		67^e^	Bressuire.
CHEF-BOUTONNE.	16	10,173	Poitiers.	68^e^	Melle.
COULONGES	14	15,384	Parthenay.	67^e^	Niort.
FRONTENAY	9	8,255		67^e^	
LEZAY.	10	11,316	Poitiers.	68^e^	Melle.
LOUP (SAINT-).	9	7,044		67^e^	Parthenay.
MAIXENT (S^t^-) . 1er canton.	7	12,078		67^e^	
MAIXENT (S^t^-) . 2e canton.	9	10,097	Parthenay.	67^e^	Niort.
MAUZÉ.	8	7,855		67^e^	
MAZIÈRES	12	10,083		67^e^	Parthenay.
MELLE-SUR-BÉRONNE. . . .	15	9,498	Poitiers.	68^e^	Melle.
MÉNIGOUTE	10	8,874	Parthenay.	67^e^	Parthenay.
MONCOUTANT.	12	13,311		67^e^	
MOTHE-SAINT-HÉRAYE (LA).	8	9,037	Poitiers.	68^e^	Melle.
NIORT. . . 1er canton. . .	8	15,877		67^e^	Niort.
NIORT. . . 2e canton. . .	6	18,482	Parthenay.	67^e^	
PARTHENAY	11	10,199		67^e^	Parthenay.
PRAHECQ	8	6,594		67^e^	Niort.
SAUZÉ-VAUSSAIS	12	11,316	Poitiers.	68^e^	Melle.
SECONDIGNY.	7	9,698		67^e^	Parthenay.
THÉNEZAY.	9	7,337	Parthenay.	67^e^	
THOUARS	24	16,099		67^e^	Bressuire.
VARENT (SAINT-).	9	6,126		67^e^	
31	356	331,243			4

SOMME.

IIe RÉGION. (Chef-lieu : Amiens.)

3e LÉGION DE GENDARMERIE. (Chef-lieu : Amiens.)

SUBDIVISIONS . . 4e Amiens . . . . 12e régiment territorial d'infanterie.
6e Abbeville . . . . . . 14e idem.
8e Péronne . . . . 16e idem.

CANTONS.	NOMBRE de communes.	POPULATION cantonale.	SUBDIVISIONS.	NUMÉRO du régiment territorial d'infanterie.	ARRONDISSEMENTS.
Abbeville Nord	6	11,746		14e	Abbeville.
Abbeville Sud	6	12,300	Abbeville.	14e	
Acheux	26	13,868		14e	Doullens.
Ailly-le-Haut-Clocher	19	12,236		14e	Abbeville.
Ailly-sur-Noye	28	9,520	Péronne.	16e	Montdidier.
Albert	26	15,718		16e	Péronne.
Amiens Nord-Est	3	15,089		12e	
Amiens Nord-Ouest	5	15,272	Amiens.	12e	Amiens.
Amiens Sud-Est	5	21,174		12e	
Amiens Sud-Ouest	2	19,373		12e	
Ault	19	14,666	Abbeville.	14e	Abbeville.
Bernaville	27	11,059		14e	Doullens.
Bray	20	10,564		16e	
Chaulnes	23	9,927	Péronne.	16e	Péronne.
Combles	21	13,105		16e	
Conty	27	10,638	Amiens.	12e	Amiens.
Corbie	24	22,174		12e	
Crécy	23	12,359		14e	Abbeville.
Domart	22	14,787		14e	Doullens.
Doullens	14	16,781	Abbeville.	14e	
Gamaches	20	12,004		14e	Abbeville.
Hallencourt	18	12,638		14e	
Ham	21	13,229	Péronne.	16e	Péronne.
Hornoy	26	9,574	Amiens.	12e	Amiens.
Molliens-Vidame	29	13,194		12e	
Montdidier	33	13,127	Péronne.	16e	Montdidier.
Moreuil	25	15,472		16e	
Moyenneville	14	11,124	Abbeville.	14e	Abbeville.
Nesle	23	10,387	Péronne.	16e	Péronne.
Nouvion	19	9,756	Abbeville.	14e	Abbeville.
Oisemont	32	9,874	Amiens.	12e	Amiens.
Péronne	22	16,410	Péronne.	16e	Péronne.
Picquigny	22	17,630	Amiens.	12e	Amiens.
Poix	33	9,495		12e	
Roisel	23	18,174		16e	Péronne.
Rosières	21	13,686	Péronne.	16e	Montdidier.
Roye	37	14,161		16e	
Rue	16	12,788	Abbeville.	14e	Abbeville.
Sains	22	12,846	Amiens.	12e	Amiens.
Valery-sur-Somme (St-)	12	15,674	Abbeville.	14e	Abbeville.
Villers-Bocage	23	13,413	Amiens.	12e	Amiens.
41	833	557,015			5

TARN.

XVIe RÉGION.
(Chef-lieu : MONTPELLIER.)

26e LÉGION DE GENDARMERIE.
(Chef-lieu : PERPIGNAN.)

SUBDIVISIONS . . { 7e CARCASSONNE . . . . 127e régiment territorial d'infanterie.
8e ALBI. . . . . 128e idem.

CANTONS.	NOMBRE de communes.	POPULATION cantonale.	SUBDIVISIONS.	NUMÉRO du régiment territorial d'infanterie.	ARRONDISSEMENTS.
ALBAN.	7	8,648	Albi.	128[e]	Albi.
ALBI	17	27,277	Albi.	128[e]	Albi.
AMANS-SOULT (SAINT-). . .	6	9,353	Carcassonne.	127[e]	Castres.
ANGLÈS	3	3,453	Carcassonne.	127[e]	Castres.
BRASSAC.	5	9,544	Carcassonne.	127[e]	Castres.
CADALEN	7	5,230	Albi.	128[e]	Gaillac.
CASTELNAU-DE-MONTMIRAL.	12	9,451	Albi.	128[e]	Gaillac.
CASTRES.	4	25,380	Carcassonne.	127[e]	Castres.
CORDES	18	9,532	Albi.	128[e]	Gaillac.
CUQ-TOULZA.	11	5,429	Albi.	128[e]	Lavaur.
DOURGNE	15	12,223	Carcassonne.	127[e]	Castres.
GAILLAC.	12	15,514	Albi.	128[e]	Gaillac.
GRAULHET.	7	10,777	Albi.	128[e]	Lavaur.
LABRUGUIÈRE	6	7,009	Carcassonne.	127[e]	Castres.
LACAUNE	8	10,620	Carcassonne.	127[e]	Castres.
LAUTREC	10	8,776	Carcassonne.	127[e]	Castres.
LAVAUR.	19	13,258	Albi.	128[e]	Lavaur.
LISLE.	3	6,103	Albi.	128[e]	Gaillac.
MAZAMET	9	23,652	Carcassonne.	127[e]	Castres.
MONESTIÈS	15	15,006	Albi.	128[e]	Albi.
MONTREDON.	4	6,639	Carcassonne.	127[e]	Castres.
MURAT	2	4,074	Carcassonne.	127[e]	Castres.
PAMPELONNE	9	9,483	Albi.	128[e]	Albi.
PAUL (SAINT-).	10	6,957	Albi.	128[e]	Lavaur.
PUYLAURENS.	10	10,041	Albi.	128[e]	Lavaur.
RABASTENS	6	8,937	Albi.	128[e]	Gaillac.
RÉALMONT.	16	11,351	Albi.	128[e]	Albi.
ROQUECOURBE.	6	5,707	Carcassonne.	127[e]	Castres.
SALVAGNAC	7	5,818	Albi.	128[e]	Gaillac.
VABRE.	6	8,252	Carcassonne.	127[e]	Castres.
VALDERIÈS	7	6,085	Albi.	128[e]	Albi.
VALENCE	14	8,617	Albi.	128[e]	Albi.
VAOUR.	10	4,948	Albi.	128[e]	Gaillac.
VIELMUR	8	6,447	Carcassonne.	127[e]	Castres.
VILLEFRANCHE.	8	8,094	Albi.	128[e]	Albi.
35	317	352,718			4

TARN-ET-GARONNE.

XVIIe RÉGION.
(Chef-lieu : Toulouse.)

28e LÉGION DE GENDARMERIE.
(Chef-lieu : Agen.)

SUBDIVISIONS . . { 1re Agen . . . . 129e régiment territorial d'infanterie.
3e Cahors . . . . 131e idem.
4e Montauban . . . . . 132e idem.

CANTONS.	NOMBRE de communes.	POPULATION cantonale.	SUBDIVISIONS.	NUMÉRO du régiment territorial d'infanterie.	ARRONDISSEMENTS.
Antonin (Saint-)	8	13,254	Montauban.	132[e]	Montauban.
Auvillar	9	6,577		129[e]	Moissac.
Beaumont	18	11,795	Agen.	129[e]	Castelsarrasin.
Bourg-de-Visa	7	5,391		129[e]	Moissac.
Castelsarrasin	6	9,893		132[e]	Castelsarrasin.
Caussade	11	12,480		132[e]	
Caylus	7	9,455	Montauban.	132[e]	Montauban.
Française (La)	4	5,826		132[e]	
Grisolles	11	7,624		132[e]	Castelsarrasin.
Lauzerte	10	10,800		129[e]	Moissac.
Lavit	14	6,954	Agen.	129[e]	Castelsarrasin.
Moissac	7	14,272		129[e]	Moissac.
Molières	5	6,340	Cahors.	131[e]	Montauban.
Monclar	5	5,520	Montauban.	132[e]	
Montaigu	6	6,216	Agen.	129[e]	Moissac.
Montauban . . { Est	3	12,367		132[e]	Montauban.
Montauban . . { Ouest	2	15,042	Montauban.	132[e]	
Montech	9	10,569		132[e]	Castelsarrasin.
Montpezat	6	6,956	Cahors.	131[e]	Montauban.
Négrepelisse	7	9,502	Montauban.	132[e]	
Nicolas-de-la-Grave (St-)	15	9,623	Agen.	129[e]	Castelsarrasin.
Valence	11	10,573		129[e]	Moissac.
Verdun	8	10,093	Montauban.	132[e]	Castelsarrasin.
Villebrumier	6	4,488		132[e]	Montauban.
24	194	221,610			3

VAR.

XVe RÉGION.
(Chef-lieu : Marseille.)

23e LÉGION DE GENDARMERIE.
(Chef-lieu : Nice.)

SUBDIVISIONS . . { 1re Toulon . . . . 113e régiment territorial d'infanterie.
2e Antibes. . . . . . . 114e idem.

CANTONS.	NOMBRE de communes.	POPULATION cantonale.	SUBDIVISIONS.	NUMÉRO du régiment territorial d'infanterie.	ARRONDISSEMENTS.
Aups	6	5,024	Antibes.	114e	Draguignan.
Barjols	9	8,263		113e	Brignoles.
Beausset (Le)	6	10,042	Toulon.	113e	Toulon.
Besse	5	10,029		113e	Brignoles.
Brignoles	6	11,469		113e	
Callas	6	6,945	Antibes.	114e	Draguignan.
Collobrières	2	4,334	Toulon.	113e	Toulon.
Comps	10	2,959	Antibes.	114e	Draguignan.
Cotignac	5	9,591	Toulon.	113e	Brignoles.
Cuers	4	9,396		113e	Toulon.
Draguignan	5	15,836		114e	
Fayence	8	9,393	Antibes.	114e	Draguignan.
Fréjus	7	11,291		114e	
Grimaud	5	8,264		114e	
Hyères	2	13,942	Toulon.	113e	Toulon.
Lorgues	4	8,721	Antibes.	114e	Draguignan.
Luc (Le)	4	7,756		114e	
Maximin (Saint-)	8	9,827		113e	Brignoles.
Ollioules	4	8,861	Toulon.	113e	Toulon.
Rians	6	7,279		113e	Brignoles.
Roquebrussanne	8	5,964		113e	
Salernes	3	4,573	Antibes.	114e	Draguignan.
Seyne (La)	2	12,963		113e	Toulon.
Solliès-Pont	5	6,789		113e	Toulon.
Tavernes	7	4,077	Toulon.	113e	Brignoles.
Toulon . . { Est	2	34,342		113e	Toulon.
Toulon . . { Ouest	3	40,458		113e	
Tropez (Saint-)	4	5,369	Antibes.	114e	Draguignan.
28	145	293,757			3

VAUCLUSE.

XVe RÉGION (Chef-lieu : MARSEILLE.)

22e LÉGION DE GENDARMERIE (Chef-lieu : MARSEILLE.)

SUBDIVISION : 6e AVIGNON. . . . . 118e régiment territorial d'infanterie.

CANTONS.	NOMBRE de communes.	POPULATION cantonale.	SUBDIVISION.	NUMÉRO du régiment territorial d'infanterie.	ARRONDISSEMENTS.
APT	13	14,964	Avignon.	118[e]	Apt.
AVIGNON . . Nord	2	23,099			Avignon.
AVIGNON . . Sud	1	16,721			Id.
BEAUMES	7	5,231			Orange.
BÉDARRIDES	4	13,234			Avignon.
BOLLÈNE	7	15,334			Orange.
BONNIEUX	6	6,157			Apt.
CADENET	9	10,607			Id.
CARPENTRAS. Nord	6	13,210			Carpentras.
CARPENTRAS. Sud	5	16,435			Id.
CAVAILLON	6	14,601			Avignon.
GORDES	8	7,426			Apt.
ISLE (L')	9	16,604			Avignon.
MALAUCÈNE	7	6,053			Orange.
MORMOIRON	10	10,276			Carpentras.
ORANGE. . . Est	7	13,484			Orange.
ORANGE. . . Ouest	4	11,887			Id.
PERNES	6	8,701			Carpentras.
PERTUIS	14	14,339			Apt.
SAULT	5	4,917			Carpentras.
VAISON	13	11,267			Orange.
VALRÉAS	4	8,901			Id.
22	150	263,451			4

VENDÉE.

XIe RÉGION.
(Chef-lieu : NANTES.)

15e LÉGION DE GENDARMERIE.
(Chef-lieu : NANTES.)

SUBDIVISIONS . . { 3e LA ROCHE-SUR-YON . . . 83e régiment territorial d'infanterie.
{ 4e FONTENAY . . . . . . 84e idem.

CANTONS.	NOMBRE de communes.	POPULATION cantonale.	SUBDIVISIONS.	NUMÉRO du régiment territorial d'infanterie.	ARRONDISSEMENTS.
BEAUVOIR-SUR-MER	4	7,784	La Roche-sur-Yon.	83^e	Les Sables d'Olonne.
CHAILLÉ-LES-MARAIS	7	10,716	Fontenay.	84^e	Fontenay.
CHALLANS.	6	12,983	La Roche-sur-Yon.	83^e	Les Sables d'Olonne.
CHANTONNAY	12	14,632	Fontenay.	84^e	La Roche-sur-Yon.
CHATAIGNERAIE (LA). . . .	20	21,616		84^e	Fontenay.
ESSARTS (LES).	8	13,123	La Roche-sur-Yon.	83^e	La Roche-sur-Yon.
FONTENAY-LE-COMTE . . .	13	17,214	Fontenay.	84^e	Fontenay.
FULGENT (SAINT-)	8	12,501	La Roche-sur-Yon.	83^e	La Roche-sur-Yon.
GILLES-SUR-VIE (SAINT-). .	16	13,871		83^e	Les Sables d'Olonne.
HERBIERS (LES).	10	15,248		84^e	La Roche-sur-Yon.
HERMENAULT (L')	13	11,862	Fontenay.	84^e	
HERMINE (SAINTE-)	13	11,495		84^e	Fontenay.
HILAIRE-DES-LOGES (ST-) .	10	11,195		84^e	
ILE-DIEU (L')	1	2,959	La Roche-sur-Yon.	83^e	Les Sables d'Olonne.
JEAN-DE-MONTS (SAINT-). .	5	10,200		83^e	
LUÇON	10	17,493	Fontenay.	84^e	Fontenay.
MAILLEZAIS	12	15,607		84^e	
MAREUIL	13	9,229	La Roche-sur-Yon.	83^e	La Roche-sur-Yon.
MONTAIGU.	10	16,659		83^e	
MORTAGNE-SUR-SÈVRE . . .	14	18,164	Fontenay.	84^e	
MOTHE-ACHARD (LA). . . .	11	11,254		83^e	
MOUTIERS-LES-MAUFAITS. .	13	12,066		83^e	Les Sables d'Olonne.
NOIRMOUTIER	2	8,162	La Roche-sur-Yon.	83^e	
PALLUAU	9	10,540		83^e	
POIRÉ-SUR-VIE (LE)	8	15,766		83^e	La Roche-sur-Yon.
POUZAUGES	13	18,059	Fontenay.	84^e	Fontenay.
ROCHE-SUR-YON (LA). . . .	15	27,970		83^e	La Roche-sur-Yon.
ROCHESERVIÈRE	6	7,290	La Roche-sur-Yon.	83^e	
SABLES D'OLONNE (LES) . .	6	14,206		83^e	Les Sables d'Olonne.
TALMONT	10	11,582		83^e	
30	298	401,446			3

VIENNE.

IXe RÉGION.
(Chef-lieu : Tours.)

13e LÉGION DE GENDARMERIE.
(Chef-lieu : Poitiers.)

SUBDIVISIONS . .
- 2e Le Blanc . . . . 66e régiment territorial d'infanterie.
- 4e Poitiers . . . . 68e idem.
- 5e Chatellerault . . . 69e idem.

CANTONS.	NOMBRE de communes.	POPULATION cantonale.	SUBDIVISIONS.	NUMÉRO du régiment territorial d'infanterie.	ARRONDISSEMENTS.
Availles	4	5,527	Poitiers.	68e	Civray.
Charroux	9	8,258		68e	
Châtellerault	7	21,806	Châtellerault.	69e	Châtellerault.
Chauvigny	11	8,830	Le Blanc.	66e	Montmorillon.
Civray	12	11,399	Poitiers.	68e	Civray.
Couhé	10	11,721		68e	
Dangé	8	5,968	Châtellerault.	69e	Châtellerault.
Gençay	10	11,189	Poitiers.	68e	Civray.
Georges (Saint-)	7	7,904	Châtellerault.	69e	Poitiers.
Isle-Jourdain (L')	10	10,890	Le Blanc.	66e	Montmorillon.
Julien-l'Ars (Saint-)	12	6,880	Châtellerault.	69e	Poitiers.
Leigné-sur-Usseau	10	5,724		69e	Châtellerault.
Lencloître	9	9,110		69e	
Loudun	14	10,692		69e	Loudun.
Lusignan	9	14,266	Poitiers.	68e	Poitiers.
Lussac-les-Châteaux	13	12,333	Le Blanc.	66e	Montmorillon.
Mirebeau	10	9,494	Châtellerault.	69e	Poitiers.
Moncontour	17	8,404		69e	Loudun.
Montmorillon	9	12,917	Le Blanc.	66e	Montmorillon.
Monts-sur-Guesne	12	7,062	Châtellerault.	69e	Loudun.
Neuville	11	11,651		69e	Poitiers.
Pleumartin	9	9,491		69e	Châtellerault
Poitiers . . Nord	2	20,892	Poitiers.	68e	Poitiers.
Poitiers . . Sud	7	16,727		68e	
Savin (Saint-)	9	9,691	Le Blanc.	66e	Montmorillon.
Trimouille (La)	8	8,579		66e	
Trois-Moutiers (Les)	14	8,379	Châtellerault.	69e	Loudun.
Villedieu (La)	10	6,161	Poitiers.	68e	Poitiers.
Vouillé	14	13,797		68e	
Vouneuil-sur-Vienne	8	8,174	Châtellerault.	69e	Châtellerault.
Vivonne	6	6,683	Poitiers.	68e	Poitiers.
31	300	320,598			5

HAUTE-VIENNE.

XIIe RÉGION.
(Chef-lieu : LIMOGES.)

16e LÉGION DE GENDARMERIE.
(Chef-lieu : LIMOGES.)

SUBDIVISIONS . .
- 1re LIMOGES . . . . 89e régiment territorial d'infanterie.
- 2e MAGNAC-LAVAL . . . . 90e idem.
- 7e BRIVE . . . . 95e idem.

CANTONS.	NOMBRE de communes.	POPULATION cantonale.	SUBDIVISIONS.	NUMÉRO du régiment territorial d'infanterie.	ARRONDISSEMENTS.
AIXE-SUR-VIENNE	10	12,100	Limoges.	89^e^	Limoges.
AMBAZAC	7	9,120		89^e^	
BELLAC	6	9,667	Magnac-Laval.	90^e^	Bellac.
BESSINES	6	8,725		90^e^	
CHÂLUS	7	8,163	Limoges.	89^e^	Saint-Yrieix.
CHÂTEAUNEUF	10	11,045		89^e^	Limoges.
CHÂTEAUPONSAC	6	9,113	Magnac-Laval.	90^e^	Bellac.
DORAT (LE)	12	11,607		90^e^	
EYMOUTIERS	10	15,229	Limoges.	89^e^	Limoges.
GERMAIN-LES-BELLES (S^t^-) .	8	11,279	Brive.	95^e^	Saint-Yrieix.
JUNIEN (SAINT-)	7	14,558	Magnac-Laval.	90^e^	Rochechouart.
LAURENT-SUR-GORRE (S^t^-) .	6	8,210	Limoges.	89^e^	
LAURIÈRE	7	8,885		89^e^	Limoges.
LÉONARD (SAINT-)	10	13,557		89^e^	
LIMOGES — Nord	4	38,759		89^e^	
LIMOGES — Sud	8	28,892		89^e^	
MAGNAC-LAVAL	6	9,456	Magnac-Laval.	90^e^	Bellac.
MATHIEU (SAINT-)	7	8,996	Limoges.	89^e^	Rochechouart.
MÉZIÈRES	9	9,936	Magnac-Laval.	90^e^	Bellac.
NANTIAT	11	10,686		90^e^	
NEXON	8	9,929	Limoges.	89^e^	Saint-Yrieix.
NIEUL	6	6,939		89^e^	Limoges.
ORADOUR-SUR-VAYRES . . .	5	8,289		89^e^	Rochechouart.
PIERRE-BUFFIÈRE	9	8,631		89^e^	Limoges.
ROCHECHOUART	5	8,522		89^e^	Rochechouart.
SULPICE-LES-FEUILLES (S^t^-)	9	9,615	Magnac-Laval.	90^e^	Bellac.
YRIEIX (SAINT-)	4	12,539	Brive.	95^e^	Saint-Yrieix.
27	202	322,117			4

VOSGES.

VIe RÉGION.
(Chef-lieu : Chalons-sur-Marne.)

8e LÉGION DE GENDARMERIE.
(Chef-lieu : Nancy.)

SUBDIVISIONS . . { 1re Nancy . . . . 41e régiment territorial d'infanterie.
{ 3e Neufchâteau . . . . 43e idem.

CANTONS.	NOMBRE de communes.	POPULATION cantonale.	SUBDIVISIONS.	NUMÉRO du régiment territorial d'infanterie.	ARRONDISSEMENTS.
Bains.	12	11,703	Neufchâteau.	43^e	Épinal.
Brouvelieures	10	4,508	Nancy.	41^e	Saint-Dié.
Bruyères.	33	16,662		43^e	Épinal.
Bulgnéville	26	10,379		43^e	Neufchâteau.
Charmes	26	12,184	Neufchâteau.	43^e	Mirecourt.
Châtel.	23	10,620		43^e	Épinal.
Châtenois	26	9,931		43^e	Neufchâteau.
Corcieux	13	11,480	Nancy.	41^e	Saint-Dié.
Coussey.	26	7,905	Neufchâteau.	43^e	Neufchâteau.
Darney.	20	11,287		43^e	Mirecourt.
Dié (Saint-).	22	26,611	Nancy.	41^e	Saint-Dié.
Dompaire.	30	11,349	Neufchâteau.	43^e	Mirecourt.
Épinal	22	23,273		43^e	Épinal.
Fraize	10	17,060	Nancy.	41^e	Saint-Dié.
Gérardmer	2	7,067		41^e	
Lamarche.	26	13,535		43^e	Neufchâteau.
Mirecourt	31	14,214		43^e	Mirecourt.
Monthureux-sur-Saône. .	12	6,928	Neufchâteau.	43^e	
Neufchâteau.	28	14,910		43^e	Neufchâteau.
Plombières.	6	14,225		43^e	Remiremont.
Provenchères [1].	7	6,120	Nancy.	41^e	Saint-Dié.
Rambervillers.	28	17,560	Neufchâteau.	43^e	Épinal.
Raon-l'Étape.	9	12,165	Nancy.	41^e	Saint-Dié.
Remiremont.	16	23,196	Neufchâteau.	43^e	Remiremont.
Saulxures	10	20,278		43^e	
Senones.	18	14,835	Nancy.	41^e	Saint-Dié.
Thillot (Le)	8	16,023		43^e	Remiremont.
Vittel	23	10,158	Neufchâteau.	43^e	Mirecourt.
Xertigny.	8	16,822		43^e	Épinal.
29	531	392,988			5

[1] Chef-lieu de canton des communes restées françaises des anciens cantons de Saales et de Schirmeck.

YONNE.

Ve RÉGION.
(Chef-lieu : ORLÉANS.)

6e LÉGION DE GENDARMERIE.
(Chef-lieu : ORLÉANS.)

SUBDIVISIONS . . . . . { 1re SENS. . . . . . 33e régiment territorial d'infanterie.
5e AUXERRE. . . . 37e idem.
6e MONTARGIS. . . 38e idem.

CANTONS.	NOMBRE de communes.	POPULATION cantonale.	SUBDIVISIONS.	NUMÉRO du régiment territorial d'infanterie.	ARRONDISSEMENTS.
AILLANT	22	16,034	Montargis.	38e	Joigny.
ANCY-LE-FRANC	19	9,440		37e	Tonnerre.
AUXERRE Est	6	11,840	Auxerre.	37e	Auxerre.
AUXERRE Ouest	10	16,089		37e	
AVALLON	16	12,729		37e	Avallon.
BLÉNEAU	8	9,157	Montargis.	38e	Joigny.
BRIENON	11	10,533	Sens.	33e	
CERISIERS	9	5,919		33e	
CHABLIS	14	7,714	Auxerre.	37e	Auxerre.
CHARNY	16	10,750	Montargis.	38e	Joigny.
CHÉROY	18	9,448	Sens.	33e	Sens.
COULANGE-LA-VINEUSE	12	8,712		37e	Auxerre.
COULANGE-SUR-YONNE	10	7,539	Auxerre.	37e	
COURSON	12	7,692		37e	
CRUZY-LE-CHÂTEL	18	7,062		37e	Tonnerre.
FARGEAU (SAINT-)	7	7,815	Montargis.	38e	Joigny.
FLOGNY	15	7,752		37e	Tonnerre.
FLORENTIN (SAINT-)	8	6,159	Auxerre.	37e	Auxerre.
GUILLON	16	5,953		37e	Avallon.
ISLE-SUR-LE-SEREIN (L')	14	6,534		37e	
JOIGNY	18	16,796	Sens.	33e	Joigny.
JULIEN-DU-SAULT (SAINT-)	9	8,127	Montargis.	38e	
LIGNY-LE-CHÂTEL	13	7,008	Auxerre.	37e	Auxerre.
NOYERS	15	6,746		37e	Tonnerre.
PONT-SUR-YONNE	16	11,927	Sens.	33e	Sens.
QUARRÉ-LES-TOMBES	8	7,757		37e	Avallon.
SAUVEUR (SAINT-)	11	12,791	Auxerre.	37e	Auxerre.
SEIGNELAY	11	8,427		37e	
SENS Nord	13	12,012	Sens.	33e	Sens.
SENS Sud	12	12,387		33e	
SERGINES	17	9,845		33e	
TONNERRE	15	10,388		37e	Tonnerre.
TOUCY	12	11,929	Auxerre.	37e	Auxerre.
VERMENTON	14	10,527		37e	
VÉZELAY	18	11,043		37e	Avallon.
VILLENEUVE-L'ARCHEVÊQUE	16	9,780	Sens.	33e	Sens.
VILLENEUVE-SUR-YONNE	8	11,247		33e	Joigny.
37	485	363,608			5

FIN.

TABLE DES MATIÈRES

Nancy, imprimerie Berger-Levrault et Cie.

www.ingramcontent.com/pod-product-compliance
Ingram Content Group UK Ltd.
Pitfield, Milton Keynes, MK11 3LW, UK
UKHW022111260726
13993UKWH00001B/454